志愿服务丛书

VOLUNTEER SERVICE SERIES

环境保护志愿服务

HUANJING BAOHU ZHIYUAN FUWU

主编 ◎ 谭智赟　朱媛媛

南京出版传媒集团
南京出版社

图书在版编目（CIP）数据

环境保护志愿服务 / 谭智赟，朱媛媛主编 . -- 南京：南京出版社

ISBN 978-7-5533-3733-3

Ⅰ . ①环… Ⅱ . ①谭… ②朱… Ⅲ . ①环境保护—志愿者—社会服务—中国 Ⅳ . ① D669.3

中国版本图书馆 CIP 数据核字（2022）第 098920 号

丛 书 名　志愿服务丛书
书　　名　环境保护志愿服务
主　　编　谭智赟　朱媛媛
出版发行　南京出版传媒集团
　　　　　南 京 出 版 社
社址：南京市太平门街53号　　邮编：210016
网址：http://www.njcbs.cn　　电子信箱：njcbs1988@163.com
联系电话：025-83283893、83283864（营销）　025-83112257（编务）

出 版 人　项晓宁
出 品 人　卢海鸣
责任编辑　汪　枫
装帧设计　王　俊
责任印制　杨福彬

排　　版　南京新华丰制版有限公司
印　　刷　南京鸿图印务有限公司
开　　本　787毫米×1092毫米　1/16
印　　张　10.75
字　　数　146千
版　　次　2023年1月第1版
印　　次　2023年1月第1次印刷
书　　号　ISBN 978-7-5533-3733-3
定　　价　30.00元

用微信或京东APP扫码购书

用淘宝APP扫码购书

总 序

※

习近平总书记指出："志愿服务是社会文明进步的重要标志。党的十八大以来，广大志愿者、志愿服务组织、志愿服务工作者积极响应党和人民号召，弘扬和践行社会主义核心价值观，走进社区、走进乡村、走进基层，为他人送温暖、为社会作贡献，充分彰显了理想信念、爱心善意、责任担当，成为人民有信仰、国家有力量、民族有希望的生动体现。"

作为中国志愿服务事业的重要组成部分，青年志愿服务事业是党领导的共青团在新的历史条件下创新工作领域、服务社会需求的一大创举，极大地鼓励了亿万青年投身志愿服务的行列。为了进一步推动青年志愿服务事业的发展，弘扬志愿精神，宣传志愿文化，规范志愿服务组织和队伍的建设，共青团江苏省委根据共青团中央《中国青年志愿者行动发展规划（2014—2018）》和《关于加强青年志愿服务培训工作的方案》的有关要求，依托江苏省志愿者协会高校志愿服务专业委员会，结合志愿服务的工作实践，策划、编写了这套志愿服务丛书。

作为国内首套全方位、多领域、成体系指导志愿服务工作的丛书，其具有以下三个特点：

第一，权威性。本丛书自策划之始，严格按照共青团中央《中国青年志愿者行动发展规划（2014—2018）》和《关于加强青年志愿服务培训工作的方案》相关要求，结合纷繁复杂的具体情况，进行理论升华，构建了一个既有严密理论基础，又有广泛实践支撑的编写体例，保证了丛书的科学性和权威性。

第二，系统性。本丛书的编写过程是对青年志愿服务工作有关的内容加以系统化、规范化的创新工程。相比之前其他地区或部门总结的相关经验，本丛书无论是实践工作的横向跨度，还是理论支撑的纵深度，均体现出由点及线，再由线到面的系统性和专业性。

第三，实用性。本丛书包括通识类和分领域两个系列。其中分领域志愿服务涉及扶贫、环保、助残、关爱行动等热点领域。如何让更多的青年志愿者在相对有限的时间内了解并掌握服务宗旨、服务内容、服务技能等知识，对于志愿服务项目的成功与否具有决定性的影响。本丛书的编写者均为具有丰富志愿服务活动组织、协调、推广经验的高校教师，了解组织志愿服务活动的关键“穴位”，更具有举一反三、提纲挈领的总结归纳能力。因此，本丛书极具实用性，可以作为青年志愿者参与各类志愿服务活动的实践指南。

希望本丛书的编写、出版，能够进一步加强教育引导，强化广大青年志愿者的志愿服务意识，提升专业领域志愿服务水平，为今后青年志愿服务事业的蓬勃发展奠定良好的基础。希望青年志愿者努力践行社会主义核心价值观，以实际行动书写新时代的雷锋故事，以青春梦想、用实际行动为实现中国梦做出新的贡献。

前言

※

环境保护是我国社会主义现代化建设的重要内容。党和国家高度重视环境保护工作，将生态文明建设列为中国特色社会主义事业五位一体总布局之中。《习近平谈治国理政》第三卷中，专门设置了“促进人与自然和谐共生”专题，记录了党的十九大以来习近平总书记对生态文明建设和生态环境保护提出的一系列新理念新思想新战略新要求，丰富和拓展了习近平生态文明思想，为做好新时代生态环境保护工作提供了重要指引和根本遵循。

为了指导志愿者环境保护服务，本书设置了系统、全面的培训内容。先是概述中国环境问题的治理成果与存在问题，让志愿者了解行业发展现状，帮助志愿者提升工作信心，厘清问题现状。在具体的培训方面，本书论述了构建专业的志愿服务团队，组建好团队后应准备的必要资源。因不同群体有不同特征，所以要区别对待，采取不同的服务对策。长期的户外保护环境工作可能有风险，为了保护志愿者，本书构建了风险来临的处置方案。每期服务工作后要有所总结，才会有所收获，本书制定了善后工作内容，以期帮助志愿者不断提高工作质量与水平。

本书主要面向基层环保志愿组织，也适用于对环保服务工作感兴趣的高校师生，以及从事环境管理的工作人员等。本书参考了近年来我国环保服务的理论研究成果，借鉴专业工作方法，从理论基础和实践操作两方面介绍了如何开展环保志愿服务，期望能为一线志愿者更好地开展环保志愿服务提供一定的参考和帮助。

本书具有以下特色：

一、涉及面广，内容翔实。“环保”顾名思义是保护环境，但本书并不局限于保护环境这一领域，还将论述范围扩大到环保志愿者如何选拔并开展后期的培训，环保服务前要做哪些准备，针对不同的服务人群有哪些服务要点，在整个环保服务工作中对于风险如何处理。可以说，本书涵盖了环保服务工作的全过程。

二、借鉴国际，服务国内。从全球的视角看，欧美和东亚地区一些国家的环保工作起步早，较有特色。如新加坡被誉为“花园城市”、马耳他是欧洲的“后花园”、芬兰是“千湖之国”。这些国家的环保经验都可为我国参考和借鉴。

三、通俗易懂，科普性强。本书从内容架构编排到语言文字表达，都浅显易懂，是一本通俗的科普读物，不仅可读性强，而且还能有所启示。读者通过阅读本书，既可以了解环境污染的原因，还能知道环境污染治理方法。

四、理论扎实，实践性强。由于环境保护问题涉及面广，本书涵盖了化学、生物学、物理学、环境学、生态学、管理学、社会学等学科知识，理论丰富。此外，实践操作性较强，如针对何种气体污染种植何种树木，何种野生动物在哪个季节放生等都给了较为详细的指导。

本书在编写过程中得到了共青团江苏省委社会联络部（志工部）以及南京农业大学人文与社会发展学院、资源与环境科学学院的指导，在此一并表示感谢！由于编者水平有限，疏漏错误之处在所难免，恳请读者赐教指正。

目录

第一章　环境问题概述

※

第二章　环境保护服务概述

※

第三章　环保志愿服务的团队组成

※

第四章　环保志愿服务的资源准备

※

第五章　环保志愿服务的服务人群

※

第六章　环保志愿服务的内容

※

第七章　环保志愿服务的风险管理

※

第八章　环保志愿服务的善后工作

※

结语

※

第一章

环境问题概述

人们对“环境”一词并不陌生，这是一个经常遇到的通俗术语，与人类的生活息息相关。但在人们的固有印象中，对环境问题的印象大多局限于卫生。环境问题是自然界或人类活动作用于人们周围的环境，引起环境质量下降或生态失调，以及这种变化反过来对人类的生产和生活产生不利影响的现象。

第一节　什么是环境问题

※

欲知环境问题的具体内容，首先要知道环境为何物，即环境包含哪些内容。在学术的语境中，人类生存的空间及其中可以直接或间接影响人类生活和发展的各种自然因素称为环境。

一、环境的定义

环境，是人类生存和活动的场所，也是向人类提供生产和消费所需要的自然资源的供应基地。在《中华人民共和国环境保护法》中，明确指出：“本法所称环境，是指影响人类生存和发展的各种天然和经过人工改造的自然因素的总体，包括大气、水、海洋、土地、矿藏、森林、草原、湿地、野生生物、自然遗迹、人文遗迹、自然保护区、风景名胜区、城市和乡村等。”其中，“影响人类生存和发展的各种天然和经过人工改造的自然因素的总体”，就是环境的科学而又概括的定义。它有两层含义：

第一，《环境保护法》所说的环境，是指以人为中心的人类生存环境，关系到人类的毁灭与生存。同时，环境又不是泛指人类周围的一切自然的和社会的客观事物整体。比如，银河系，我们并不把它包括在环境这个概念中。所以，环境保护所指的环境，是人类生存的环境，是作用于人类并影响人类生存和发展的外界事物。

第二，随着人类社会的发展，环境概念也在发展。如现阶段没有把月球视为人类的生存环境，但是随着宇宙航行和空间科学的发展，月球将有可能成为人类生存环境的组成部分。

二、环境问题的定义

人类在改造自然环境和创建社会环境的过程中，自然环境仍以其固有的自然规律变化着。社会环境一方面受自然环境的制约，也以其固有的规律运动着。人类与环境不断地相互影响和作用，产生环境问题。

环境问题可分为两大类：一类是自然因素的破坏和污染等原因所引起的。如火山活动、地震、风暴、海啸等产生的自然灾害，因环境中元素自然分布不均引起的地方病，以及自然界中放射性物质产生的放射病等。另一类是人为因素造成的环境污染和自然资源与生态环境的破坏。在人类生产、生活活动中产生的各种污染物（或污染因素）进入环境，超过了环境容量的容许极限，使环境受到污染和破坏；人类在开发利用自然资源时，超越了环境自身的承载能力，使生态环境质量恶化，有时候会出现自然资源枯竭的现象，这些都可以归结为人为造成的环境问题。

通常所说的环境问题，多指人为因素所作用的结果。当前人类面临着日益严重的环境问题，和平年代虽没有枪炮与硝烟，被破坏的环境却在残杀着生灵。它直接威胁着生态环境，威胁着人类的健康和子孙后代的生存。于是人们呼吁"只有一个地球"，"文明人一旦毁坏了他们的生存环境，他们将被迫迁移或衰亡"，强烈要求保护人类生存的环境。环境问题的产生，从根本上讲是经济、社会发展的伴生产物。具体说可概括为以下几个方面：

（一）由于人口增加对环境造成的巨大压力；

（二）伴随人类的生产、生活活动产生的环境污染；

（三）人类在开发建设活动中造成的生态破坏的不良变化；

（四）由于人类的社会活动，如军事活动、旅游活动等，造成的人文遗迹、风景名胜区、自然保护区的破坏，珍稀物种的灭绝以及海洋等自然和社会环境的破坏与污染。

环境问题是中国21世纪面临的最严峻挑战之一，保护环境是保证经济长期稳定增长和实现可持续发展的基本国家利益。环境问题解决得好坏关系到中国的国家安全、国际形象、广大人民群众的根本利益，以及全面小康社会的实现。为社会经济发展提供良好的资源环境基础，使所有人都能获得清洁的大气、卫生的饮水和安全的食品，是政府的基本责任与义务。

生态环境关系人民福祉，关乎子孙后代和民族未来。要坚持节约资源和保护环境的基本国策，着力推进绿色发展、循环发展、低碳发展。要加快调整经济结构和布局，抓紧完善标准、制度和法规体系，采取切实的防治污染措施，促进生产方式和生活方式的转变，下决心解决好关系群众切身利益的大气、水、土壤等突出环境污染问题，改善环境质量，维护人民健康，用实际行动让人民看到希望。

第二节　中国生态环境治理成果与存在问题浅析

※

2019年底，中国林业生态发展促进会、中国生态经济学学会、中国社会科学院数量经济与技术经济研究所、社会科学文献出版社联合发布《生态治理蓝皮书：中国生态治理发展报告》（以下简称《蓝皮书》）。《蓝皮书》梳理了改革开放以来我国生态治理取得的成效，明确了当前生态治理存在的主要问题。

一、中国生态环境治理成果

生态环境是指人们生活环境的状况，在人口增长、城市化、户外活动等多重压力下，生态环境逐渐被破坏，出现了水土流失、垃圾污染、大气污染、噪声污染等不良现象。为此，环保部门做出行动整治被破坏的生态环境，中国的生态环境治理成果可总结为如下方面：

水土流失速率有所下降。2019年全国水土流失面积为271.08万平方公里，较2018年减少2.61万平方公里，减幅0.95%。与2011年第一次全国水利普查数据相比，水土流失面积减少了23.83万平方公里，总体减幅8.08%，平均每年以近3万平方公里的速度减少。从类型看，水蚀风蚀面积“双减少”。水力侵蚀面积较2018年减少1.62万平方公里，风力侵蚀面积较2018年减少0.99

万平方公里；从强度等级看，水土流失呈现出高强度向低强度转化的趋势，轻度水土流失面积为170.55万平方公里，占水土流失总面积的62.92%；中度及以上水土流失面积为100.53万平方公里，占水土流失总面积的37.08%。从区域分布看，东、中、西部水土流失面积均较上年度有所减少。

沙漠化有所改善。中国是世界上沙漠化受害最深的国家之一，土地沙漠化急剧发展，20世纪50 ~ 70年代年均沙化面积为1560平方公里，70 ~ 80年代年均扩大到2100平方公里。40年来初步治理了50多万平方公里。20世纪的耕地退化问题也十分突出。如原来土地肥沃的北大荒地带，土壤的有机质已从原来的5% ~ 8%下降到1% ~ 2%（理想值应不小于3%）。同时，由于农业生态系统失调，全国每年因灾害损毁的耕地约200万亩。2016年以来，中国加快实施京津风沙源治理、“三北”防护林建设、退耕还林、退牧还草、石漠化综合治理等国家重点工程，由点到面带动荒漠地区生态状况整体好转。经过多年治理，毛乌素、浑善达克、科尔沁和呼伦贝尔四大沙地生态状况整体改善，林草植被增加226.7万公顷，沙化土地减少16.9万公顷。截至2014年，全国荒漠化土地面积261.16万平方公里，占国土面积的27.2%；沙化土地面积172.12万平方公里，占国土面积的17.93%；有明显沙化趋势的土地面积30.03万平方公里，占国土面积的3.12%。实际有效治理的沙化土地面积20.37万平方公里，占沙化土地总面积的11.8%。

草原面积保持世界最大，草原生态得到可观改善。中国是一个草原大国，从中国各类土地资源来看，草原资源面积最大，占国土面积的40.9%，是耕地面积的2.91倍、森林面积的1.89倍。中国的草原面积约占全球草原面积的12%，其他草原面积较大的国家及全球占比分别是澳大利亚9.76%、美国7.67%、巴西5.99%。经过治理，草原生态得到一定恢复。2017年草原综合植被盖度达55.3%，较2011年提高4.3个百分点；全国重点天然草原的家畜平均超载率为11.3%，较2010年降低18.7个百分点；草原鼠害、虫害及火灾受害面积较2010年分别减少36%、39%、69%。

森林资源得到保护。森林是生态系统的重要支柱。新中国成立后开展了大规模植树造林活动，但森林破坏仍很严重。到了21世纪，保护森林措施取得了一定成效，2014—2018年的第九次全国森林资源清查结果显示，我国森林资源总体上呈现数量持续增加、质量稳步提升、生态功能不断增强的良好发展态势，初步形成了国有林以公益林为主、集体林以商品林为主、木材供给以人工林为主的合理格局。全国森林覆盖率22.96%，森林面积2.2亿公顷，其中人工林面积7954万公顷、继续保持世界首位。森林蓄积175.6亿立方米。森林植被总生物量188.02亿吨，总碳储量91.86亿吨。年涵养水源量6289.50亿立方米，年固土量87.48亿吨，年滞尘量61.58亿吨，年吸收大气污染物量0.40亿吨，年固碳量4.34亿吨，年释氧量10.29亿吨。

二、中国生态环境治理存在的问题

生态环境是非常复杂的大系统，在大规模治理取得一定成效后也存在一些问题。我国生态环境治理后存在的问题有：治理能力并没有明显减缓破坏速度，生态赤字在一定程度上逐渐扩大等。

生物物种的灭绝速度一直没有减缓，总数量一直在减少。我国是世界上生物多样性最丰富的国家之一，高等植物和野生动物种均占世界的10%左右，基本约有200个特有属。然而，环境污染和生态破坏导致了动植物生境的破坏，物种数量急剧减少，有的物种已经灭绝。另一方面，草原生态保护与牧区经济发展的矛盾十分突出，草原违法征占用、家畜超载过牧等现象还非常普遍，草原退化、沙化等问题还依然存在，占据了野生动植物原本的生存家园。虽然环保人员一直把保护野生动植物纳入工作范围，但因珍稀野生动植物的生命脆弱性一旦得不到必要的保护就有灭绝的危险。所以中国生物物种资源的生存安全一直受到巨大威胁。一方面，中国数百年来一直是西方发达国家掠夺生物物种资源的重要场所，许多物种资源流失国外；另一方面，由于人口压力和不合理的开发利用，中国许多生物物种也受到生存影响，面临灭绝的威胁。据统计，我国高等植物大约有4600种处于濒危或受威胁状态，占高等植物的15%以上，近50年来约有200种高等植物灭绝，平均每年灭绝4种；野生动物中约有400种处于濒危或受威胁状态，非法捕猎、经营、倒卖、食用野生动物的现象屡禁不止。广东省吴川县非法出售犀牛角，珠海活熊取胆等案件在国际上造成了恶劣的影响。

水污染一直存在，海洋污染依旧严重。尽管环保部门已将治理水污染作为工作重心，但在发展经济的压力下水污染现象依旧此起彼伏。中国是现今世界13个缺水国家之一，全国600多个城市中有大约一半的城市缺水，水污染使水质恶化，更使水短缺雪上加霜。有资料显示：我国江河湖泊普遍遭受污染，全国75%的湖泊出现了不同程度的富营养化，90%的城市水系污染严重，南方城市总缺水量60%～70%是由于水污染造成的；对我国118个大中城市的地下水调查显示，有11个城市地下水受到污染，其中重度污染约占40%。水污染降低了水体的使用功能，加剧了水资源短缺。以上这些对我国可持续发展战略的实施带来了负面影响。

大气污染严重，北方雾霾天并未根除。2018年是《打赢蓝天保卫战三年行动计划》（以下简称《三年行动计划》）实施的开篇之年，全国338个城市的空气质量延续了过去5年的改善势头，平均达标天数比例由78%升至79.3%，193个城市的优良天数比例大于80%，同比增加18个。共121个城市实现六项空气污染物年均浓度全部达标，同比增加22个城市。细颗粒物（PM2.5）污染水平持续得到有效遏制，年均浓度与超标城市比例继续下降。尽管如此，PM2.5的超标城市比例仍占一半以上。此外，近地面臭氧（O_3）污染问题仍在进一步加重，O_3的年均浓度、超标天数、超标城市数量继续上升。

环境卫生污染向农村蔓延，农村逐渐成重灾区。随着经济社会的快速发展和人们生活水平的不断提高，农村生活环境也发生了很大的变化，但是存在的一个突出问题就是农村垃圾越来越多，没有配套的处理处置办法。尤其是近年来农村经济社会的快速发展，农村垃圾还出现了毒害化的新趋势。过去，农村垃圾主要是一些易腐烂变质的剩菜剩饭、瓜皮菜叶、秸秆等生活类废品，现在又增加了塑料袋、废电池、农用膜、农药瓶、灯管、破衣烂鞋、生活污水、建筑垃圾等有毒有害垃圾混合体，特别是大量使用的塑料袋，随手乱丢，一旦刮风就会满天乱飞，五颜六色，一片狼藉。同时，由于农村养殖业的发展，批量产生的禽畜粪便以及宰杀后的废弃物无法消化，也成了有害垃圾，对农村环境造成极大危害。通过调查发现，造成农村环境卫生状况恶化的主要原因在于对垃圾的处理方式采取直接露天集中堆放或简易填埋，不仅严重影响了村容村貌，更对环境产生了很大的即时和潜在的危害。随意堆放的垃圾侵占了大量土地，对农田破坏严重，垃圾腐败过程中产生的有害气体和渗漏液也污染了空气和地下水，严重影响了村民的生产生活。

综上，中国的生态环境在出现恶化时，政府做出了保护与预防措施，有些领域取得了让人欣慰的效果。但有些领域因环境的复杂性或是污染的严重性，恢复效果并不明显。为了环境的可持续发展，有必要继续环保服务工作。

第二章

环境保护服务概述

环境保护一般是指人类为解决现实或潜在的环境问题，协调人类与环境的关系，保护人类的生存环境、保障经济社会的可持续发展而采取的各种行动的总称。其方法和手段有工程技术的、行政管理的，也有经济的、宣传教育的等。为了充分调动中国广大人民的积极性，有必要组织环保志愿服务，带动大家一起参与到环保的队伍中来。

第一节　环境保护的定义

※

十八届五中全会提出：加大环境治理力度，以提高环境质量为核心，实行最严格的环境保护制度，深入实施大气、水、土壤污染防治行动计划，实行省以下环保机构监测监察执法垂直管理制度。

一、对自然环境的保护

环境保护（environmental protection），简称环保，涉及的范围广、综合性强，它涉及自然科学和社会科学的许多领域，还有其独特的研究对象。环境保护方式包括：采取行政、法律、经济、科学技术、民间自发环保组织等等，合理利用自然资源，防止环境的污染和破坏，以求自然环境同人文环境、经济环境共同平衡可持续发展，扩大有用资源的再生产，保证社会的发展。

随着全球变暖情况的逐渐严重，全球降水量重新分配、冰川和冻土消融、海平面上升等附带危害接踵而至，不仅危害了自然生态系统的平衡，还威胁人类以及动物的生存，所以出现了“同一健康、同一地球、同一世界”的口号，由此可见与人类命运共同体相关的事业势必会有广阔的发展前景。根据马斯洛需求层次理论，水、食物、睡眠、呼吸等最基本的需要维持了生存后，其他的需要就出现了，如人身安全、健康保障。在中国居民逐渐过上小康生活后有了追求更高品质生活的资本，国家在政治层面上也出台文件政策关注环境问题。

对自然环境的保护，是为了防止自然环境的恶化，对山脉、绿水、蓝天、大海、丛林的保护就显得非常重要。这里就涉及了不能私自采矿或滥伐树木，尽量减少乱排（污水）乱放（污气），不能过度放牧，不能过度开荒，不能过度开发自然资源，不能破坏自然界的生态平衡等等，这个层面属于宏观的，主要依靠各级政府行使自己的职能进行调控才能够解决。对自然环境的保护需要人人都做到。

对地球生物的保护，是为了维护生物多样性。主要包括植被的养护、动物的回归、转基因产品的合理利用、濒临灭绝生物的特殊保护、动植物栖息地的扩大、人类与生物的和谐共处等等。

二、对人类环境的保护

对人类环境的保护是为了使环境更适合人类工作和劳动的需要。这就涉及人们的衣、食、住、行、玩的方方面面，都要符合科学、卫生、健康、绿色的要求。这个层面属于微观的，既要靠公民的自觉行动，又要依靠政府的政策法规作保证，依靠社区的组织教育来引导，要工、学、兵、商各行各业齐抓共管才能解决。地球上每一个人都是有权利保护地球，也有权利享有地球上的一切，海洋、高山、森林这些都是自然，也是每一个人应该去爱护的。

作为公民来说，我们对于居住生活环境的保护，就是间接或直接地保护了自然环境；我们破坏了居住生活环境，就会间接或直接地破坏了自然环境。

作为政府来说，既要着眼于宏观的保护，又要从微观入手，发动群众、教育群众，使环境保护成为公民的自觉行动。

保护环境是中国长期稳定发展的根本利益和基本目标之一，实现可持续发展依然是中国面临的重大议题。环境保护是政府必须发挥中心作用的重要领域。毫无疑问，导致资源破坏和环境污染的两大重要原因是市场失灵和政府失灵，这两方面原因都同发展和政府有着密切的关系。所以，环境保护在很大程度上依赖于政府，也是国家长期坚持做的一项民生工程。

第二节　环境保护的意义

※

作为与民生息息相关的事业，环保工作比许多文化事业都重要。首先从人类身体本身来讲，环境就决定了人类的健康，也影响着人类生产生活的进行。其次，从人类的精神道德层次来讲，志愿服务是唤醒国民奉献精神的一环，这种实践耳濡目染其他受众，提高他们的公德心。最后，从人类居住的舒适度来讲，环保工作能够还原一个青山绿水的环境，愉悦民众的身心，提升人类幸福感。

一、推进生态文明建设

党的十九大以来，以习近平同志为核心的党中央顺应人民盼环保求生态的强烈愿望，坚定不移推进生态文明建设。全国人大常委会2017年6月通过关于修改《中华人民共和国水污染防治法》的决定，并于2018年元旦施行。根据中央有关部署，国务院陆续出台《大气污染防治行动计划》《水污染防治行动计划》《土壤污染防治行动计划》。2020年3月，中共中央办公厅、国务院办公厅印发了《关于构建现代环境治理体系的指导意见》，并发出通知，要求各地区各部门结合实际认真贯彻落实。根据现有形势，接下来环保议题势必会得到更多的关注。在国家领导人的号召下，省市级政府对于环保积极做出回应。

环保工作助推“美丽中国”的建设。“美丽中国”是中国共产党第十八次全国代表大会提出的概念，强调把生态文明建设放在突出地位，融入经济建设、政治建设、文化建设、社会建设各方面和全过程。在2021年的十三届全国人大四次会议通过了《中华人民共和国国民经济和社会发展第十四个五年规划和2035年远景目标纲要》，此《纲要》特别提出“建设美丽中国”的奋斗目标。随着生态文明建设大力推进，绿水青山就是金山银山的理念深入人心。保护生态环境就是保护自然价值和增值自然资本，就是保护经济社会发展潜力和后劲，使绿水青山持续发挥生态效益和经济社会效益。保护绿水青山、蓝天白云，我们每个人都应该是生态环境的保护者、建设者、受益者。我们想要尽情享受美丽春光，要积极踊跃行动起来，呵护一草一木、一虫一鱼，减少能源资源消耗和污染排放，为保护生态环境、建设美丽中国做出自己的贡献。

二、贯彻新发展理念

“十四五”时期，我国将进入新发展阶段，发展基础更加坚实，发展条件深刻变化 ，面临着新的机遇和挑战。生态环境保护是贯彻落实新发展理念的重要举措，是解决人民群众对优美生态环境需要的重要举措。

三、促进居民健康

环境与健康密切相关，世界卫生组织研究显示影响个人健康和寿命有四大因素：生物学因素占15%、环境因素占17%、卫生服务因素占8%和生活方式占60%。流行病学研究证明人类的疾病70%~90%与环境有关，人类想健康长寿就必须建立和保持同外在环境的和谐关系。再者，是药三分毒，患者被医与药支配也会给身体带去副作用。而且很多高昂的手术费用与药品并不是每个患者能支撑的，所以，“良医治未病”依旧是现代医疗所提倡的。志愿者服务于环境保护是改善人类健康的有效路径。

环保工作案例

福建东南之滨美丽的东山岛素有美名，湛蓝的海水，洁白的沙滩，葱郁的森林……每年夏季都会吸引上百万游客在此嬉浪、垂钓、荡舟，享受着大自然的恩赐。谁能想到，这里曾经是一片风沙漫漫、拒绝任何绿色生命的荒原。

谷文昌，这位东山人民永远怀念的好书记，在他担任县委书记期间，带领东山人民“上战秃头山，下战荒沙滩”，进行不断的探索实践，从筑堤堵沙、挑土压沙，到植草固沙、造林防沙，几经挫折，终于找到适宜东山种植的树种——木麻黄。如今在东南沿海已经筑起一道长30多千米、宽100多米的“绿色长城”来保护这片银色的沙滩。现在来到东山，满眼都是生机盎然的绿色，而“谷公”也把自己葬在了东山。

东山老百姓为谷公树碑、建立纪念馆，以他的事迹拍成的电影《公仆》感动了千千万万的神州儿女。

第三节　中国环保服务的发展状况初探

※

任何一项事物的进行都要充分了解其来龙去脉，梳理近百年的发展过程能从历史中总结出经验得失，为今后的工作做出准备。此外，在今天发展现状的基础上展望未来的发展趋势，以使我们做好准备充分迎接未来的环保挑战。

一、发展历史：在摸索中前进

1949—1957年，环保工作有所成就也有力有不逮的缺憾。因新中国成立初期，政治刚太平，国民经济持续发展，环境保护方面取得了很大成绩。1956年的《工业企业设计暂行卫生标准》，1957年的《中华人民共和国水土保持暂行纲要》，这两部法规均提出了环境保护的要求。在城市基础设施建设、兴修水利、抗御自然灾害、植树造林、防治水土流失、废弃物资的综合利用、爱国卫生运动等方面取得了进展。虽尚无专门的环境保护管理部门，还没有形成系统的环境保护理论及意识，但经济建设与保护环境仍实现了比较协调的进展。在工业建设中，为避免污染，将有污染危害的工业项目搬离到树林隔离屏障之外的工业区。有污染危害的工业企业也采取了污水处理、消烟除尘装置等防治工程，大大减轻了工业污染的危害性。

但是在这一时期，仍然存在环境被破坏的问题。从20世纪50年代开始的大规模工业化建设，因对木材的大量使用，大量森林被砍伐，直接影响了环境。草原滥伐滥垦、植被遭到破坏，导致水土流失和土壤侵蚀等问题一直存在。若干主要城市也出现了程度不同的工业污染和城市污染。这一时期，能源消耗增长率大大超过了经济增长率，单位GDP能耗上升了32%。

1958—1965年，环保工作处于停滞期。此阶段“大跃进”背景下环境大受破坏。首先是大炼钢铁和大办工业，单位GDP能耗大为增长，在工业布局上，放任工业“三废”自流排放，在许多地方出现了烟雾弥漫、污水横流、渣滓遍地的局面。另一方面对矿产资源滥挖滥采，不仅破坏了许多地方的地貌和景观，更为严重的是对生物资源的破坏，特别是使森林资源锐减、水土流失，给生态环境带来了一系列严重后果。“大跃进”时期造成的环境资源与生态破坏的影响，多年也未消除。

1966—1972年，经济发展与环境保护的灾难时期。“文化大革命”使国民经济到了崩溃的边缘，环境污染和破坏也达到惊人的程度。有利于环境保护的规章制度，被当作资本主义批判。工业建设中，原料和能源无约束地大量浪费。几乎所有的大中城市都建起了一批工业企业，许多文化古城建设了一批重污染型的工业，城乡环境质量迅速恶化。许多排放大量有害物质的工厂摆在了深山峡谷之中，造成了严重的大气和水质污染。在农业生产方面，毁林、毁牧、围湖造田、搞人造平原等，破坏了粮食生产同其他经济作物相互依赖的生态系统，生态环境恶性循环。另外，对野生珍稀动物、植物资源滥采滥猎成风，许多珍稀生物临近濒危状态。虽然以周恩来总理为代表的党和国家领导人，对控制污染、改善环境质量作了许多指示，解决过大连湾、官厅水库等污染事件，但在那个年代，环保指示很难得到全面贯彻 。

1972—1978年是中国环境保护的起步时期，党和国家对环境保护做出系列重大决策。

（一）出席国际环境会议

1970年底，周恩来总理请日本记者向中国官员介绍日本环境污染问题，并指示把日本记者的报告作为当年全国计划会议的交流材料。这是在高层次会议上出现的第一份有关环境保护的材料，并对负责人寄语环保重任。1972年6月5日—16日，中国代表出席联合国在斯德哥尔摩召开的人类环境会议，这是中国恢复在联合国席位后参加的第一个大型国际会议。

（二）第一次全国环境保护会议拉开了中国环境保护事业的序幕

面对国内触目惊心的环境污染和自然生态恶化，周恩来总理于1973年8月在北京组织召开了第一次全国环境保护会议。出席会议的代表反映了各地区和各方面的环境污染和生态破坏的大量事实，各类事件表明我国的环境问题已经十分紧迫。其中北京官厅水库鱼污染事件直接引发我国第一项污染工程的开展。1972年国家计委、国家建委调查得出官厅水库的鱼受到了污染，是由河北宣化地区以及张家口、大同等地区的污水进入水库造成的。当时部委领导小组，对官厅水库进行分期治理，控制住了官厅水库的污染。这是中华人民共和国成立后由国家组织进行的第一项污染治理工程。

（三）成立国务院环境保护领导小组，领导和推动环保事业向前发展

1973年第一次全国环境保护会议之后，国务院批转国家计委《关于全国环境保护会议情况的报告》和《关于保护和改善环境的若干规定》，强调了开展以“三废”治理和综合利用为特点的污染防治，1974年5月成立了国务院环境保护领导小组（简称国环办）。各省（市）、自治区和国务院有关部委也陆续建立起环境管理机构和环保科研、监测机构。

国环办为了让环保工作有法规约束，出台了一系列文件。1974年、1975年、1976年、1977年连续下发了《环境保护规划要点》《关于环境保护的10年规划意见》（指出对工矿企业不适当地排放“三废”的解决办法：积极治理，逐步消除；新建扩建工业项目并采取防治措施；合理布局）与《关于编制环境保护长远规划的通知》（首次对环境保护的资金渠道提出了明确要求）、《关于治理工业“三废”，开展综合利用的几项规定》（从12个方面作出了明确的规定）四份文件。并要求从1977年起，切实把环境保护纳入国民经济的长远规划和年度计划，为有计划地逐步解决环境污染问题奠定了基础。此期间，国环办督促各地环保机构，对环境污染严重的地区开展了重点治理。

（四）全国环保会议陆续召开

1978年末，中共中央批转了国务院环境保护领导小组的《环境保护工作汇报要点》（以下简称《汇报要点》）。这是中国共产党历史上第一次以党中央的名义对环境保护工作作出的批示，《汇报要点》的转批加快了全国各级环保系统的机构建设步伐，切实推动了我国环境保护事业的发展。

1983年召开的第二次全国环境保护会议，把环境保护确立为基本国策，制定了“经济建设、城乡建设和环境建设要同步规划、同步实施、同步发展，做到经济效益、社会效益、环境效益相统一”的指导方针，明确了“预防为主、防治结合”“谁污染、谁治理”和“强化环境管理”的环境保护三大政策。

1989年召开的第三次全国环境保护会议，提出“向环境污染宣战”的口号，形成了环境保护目标责任制、城市环境综合整治定量考核制、排放污染物许可证制、污染集中控制、限期治理、环境影响评价制度、“三同时”制度、排污收费制度等我国环境管理“八项制度”。

1992年，我国在世界上率先制定了环境与发展十大对策，将可持续发展作为一项国家战略。

1996年召开的第四次全国环境保护会议，明确提出“保护环境就是保护生产力”，把实施主要污染物排放总量控制计划和跨世纪绿色工程规划作为改善环境质量的两大重要举措。

2002年召开的第五次全国环境保护会议，要求把环境保护工作摆上同发展生产力同样重要的位置，按照经济规律发展环保事业，走市场化和产业化的路子。

2006年召开的第六次全国环保大会，明确提出做好新形势下的环保工作，关键在于加快实现“三个转变”。这一系列重大决策部署和环保系统坚持不懈的努力，大大推进了探索环保新道路的历程，积累了比较丰富的经验。历任环保部门的老领导都是探索中国环保新道路的先行者，几代环保人都是探索中国环保新道路的实践者。

二、发展现状：在进步中完善

（一）我国环保产业发展迅速，体系逐步完善，部分环保技术达到国际先进水平

近年来，在环境治理和环保政策措施的驱动下，特别是"大气十条""水十条""土十条"的颁布，创造了巨大的环保市场，我国的环保产业得到迅猛发展，无论是在产业规模、技术水平还是在市场环境等方面都具有良好的发展基础。据第四次全国环保产业调查表明，当前我国环境保护相关产业呈现出产品品种增加、产业规模不断扩大、产业政策逐渐完善、技术水平不断提高、市场需求不断扩大的特征，我国环境保护相关产业正处于产业生命周期的成长期，下阶段将快速发展，产业规模将进一步扩大。启信灯塔发布的《2021年中国节能环保产业发展分析报告》指出，我国的节能环保产业产值由2005年的4.5万亿元上升到2020年的7.5万亿元左右，年均增速15%。预测2023年我国节能环保产业产值将达到12.3万亿。

经过30多年的发展，我国环保产业已形成了包括环保产品生产、洁净产品生产、环境服务提供、资源循环利用、自然生态保护等多门类的环保产业体系，为我国环境保护事业的快速发展提供了重要的技术支撑和保障。通过自主研发与引进消化相结合，我国环保技术与国际先进水平的差距不断缩小，部分技术达到国际先进水平。目前，我国主要的环保技术与产品可以基本满足市场的需要，并掌握了一批具有自主知识产权的关键技术。在大型城镇污水处理、工业废水处理、垃圾填埋、焚烧发电、除尘脱硫、噪声与振动控制等方面，我国已具备依靠自有技术进行工程建设与设备配套的能力。

（二）我国环保产业具有比较优势，"走出去"潜力大

与东盟等发展中国家相比，我国环保产业具有成本较低、效果好、技术适应强的比较优势。2021年生态环境部发布的《2020中国环保产业发展状况报告》显示，2019年全国环保产业营业收入约17800亿元，较2018年增长约11.3%，其中环境服务营业收入约11200亿元，同比增长约23.2%。2019年我国的环境保护产品出口合同额较2018年增长37.4%。占出口合同额度较大的产品主要是水污染防治设备和大气污染防治设备。

近几年，中国的环保技术快速发展，其新能源技术、新材料技术、生物工程技术等正在不断地被应用于环境产业。尤其水污染控制、大气污染控制、固体废弃物处理等方面的技术得到显著突破。但是，我国环保产业与技术仍存在短板。一是我国环保企业在技术开发上投入不足，科研设计能力有限，尤其在新技术、新工艺、新设备的开发方面仍需要积累更多经验。二是具有较强技术经济实力和较高经营管理水平的大型环保企业数量占全国环保企业比重不足5%，多数为中小型环保企业，企业规模小而分散，对资本、资金、技术及人力资源吸引力不够，难以形成规模效益。三是环保产业分布不均。环保产业分布与经济发展水平基本保持一致，环保产业主要集中在东南沿海与长江流域，其中北京、上海、江苏、浙江、山东、广东、辽宁、吉林、四川、湖南等省份的环保产业总产值占全国的80%以上，中西部地区的总产值份额不足20% 。

三、未来前景：探索环保新道路

最近几年，我国环境保护工作之所以力度最大、发展最快、效果最好，是与志愿者积极探索环保新道路的引领作用分不开的。如今，面对异常严峻的环境形势，我们更要增强忧患意识、风险意识和责任意识，采取切实措施，勇往直前，进一步深入探索环境保护新道路。探索环保新道路，是一个勇于创新、勇于变革，永不僵化、永不停滞，不断取得新经验新成果的历程。进入新阶段、面临新形势、针对新问题、迎接新挑战，当务之急，是要在工作中融入新理念，进行新实践，提出新要求，创造新办法，以改革创新为动力，不断进行新的探索。尤其是要坚持进行理论创新、实践创新、政策创新、制度创新、产业创新、科技创新、体制创新、机制创新等。

环保工作者们将会努力在实践中探索，在探索中实践，对环保新道路的认识愈来愈全面和深刻。环保新道路的内涵是“代价小、效益好、排放低、可持续”。“代价小”就是要坚持环境保护与经济发展相协调，以尽可能小的资源环境代价支撑更大规模的经济活动。“效益好”就是要坚持环境保护与经济建设和社会建设相统筹，寻求最佳的环境效益、经济效益和社会效益。“排放低”就是坚持污染预防与环境治理相结合，将污染物排放量控制在最低水平，把经济社会活动对环境损害降低到最低程度。“可持续”就是要坚持环境保护与长远发展相融合，通过建设资源节约型、环境友好型社会，推动经济社会可持续发展。

第三章

环保志愿服务的团队组成

环保工作是一项大工程，需要志愿团队的分工与协作。再者，这个团队的专业与否直接关系环保工作的成效如何。所以对于志愿者的选拔要精益求精，从招募到培训再到后期的考核都要有完善的机制，有了称职的队伍才能做出完美的工作。鉴于志愿服务本身的非营利性与环保工作的特殊性，这项工作的进行尚有一定的发展空间。

第一节　环保志愿服务的志愿者招募

※

不同于单位招聘职工的有偿雇佣制，志愿者的工作大多是出于情怀。但这并不能成为低门槛的理由，精兵强将从来都是制胜的法宝。为了收集人才要广撒网，对于志愿者的选拔也要有专门的标准。“不以规矩无以成方圆”，组建了有组织、有纪律的精干队伍，后续的服务工作才有实施的可能。

一、志愿者招募方式

当前，青年志愿者的招募主要包括校园招募、其他单位及街道招募、互联网或媒体渠道招募等。途径既可以是传统的广播、电视、海报、宣讲会，也可以是新媒体的宣传发动，形式十分多样。

小贴士

志愿者招募文案

亲爱的朋友们：

本环保志愿组织将招募环保志愿者，投入保护环境的工作中。如果您有建设美丽中国、强富美高新江苏、恢复青山绿水原生态环境的情怀，欢迎加入我们志愿者行列中来！我们的志愿工作内容包括但不限于××××××，地点主要在××××××。

为嘉奖在环保工作中做出贡献的志愿者们，我们会对表现突出的志愿者颁发荣誉证书，让这种奉献的精神得到认可与鼓励。

欲知其他未尽事宜请联系××××××。

为了选拔出有经验的志愿者，有必要对志愿者进行专业考验。

1.提交一份环保志愿服务项目或志愿服务发展建议；

2.请结合下列任何一个节日或纪念日策划一个志愿服务项目或活动，并撰写提交策划案：2月20日国际湿地日、3月12日中国植树节、3月22日世界水日、3月23日世界气象日、4月22日世界地球日、5月31日世界禁烟日、6月5日世界环境日、6月17日世界荒漠化和干旱控制日、6月25日中国土地日、6月26日世界药物管制日、7月11日世界人口日、8月9日世界原住民国际日、9月16日国际保护臭氧层日、9月27日世界旅游日、10月4日国际动物日、10月14日国际减灾日、10月16日世界粮食日、10月17日消除贫困国际日、12月29日国际生物多样性日。

小贴士仅是招募的基本文案，为表明这项工作的意义，在传单的设计上还要添加活动图片，让读者被公益性的志愿活动吸引。如，受到当地政府部门嘉奖的照片，让读者看到这种活动的社会认可；被污染地区经过志愿者的处理前后对比照片，让读者能感受到此项工作的成就感；将涉污环境取缔后的新闻报道截图等等，让读者感受到扬善惩恶的正义感。另外，在微信公众号上推送招募消息时，也有诸多讲究。如推送时间的选取，据不完全统计，推送时间为21:00–23:00之间的消息阅读率较高，这符合中国人忙碌一天躺下后划手机的作息时间。吸引了读者点击后，如何吸引住读者阅读内容也有讲究。在消息的版面设计上以简约素雅为主，避免花里胡哨的审美疲劳。对于文中的重点内容有标出，避免读者遗漏重点信息。

招募地点的选择，应该有重点有范围。每个行业的志愿者招募都要有其专业特色，所谓的“隔行如隔山”，为了这份事业的专业性要在源头就充分重视。招募工作地点可重点放在与环保有关的部门，如有环境专业的院校、环境行业的企事业部门。

二、志愿者选拔标准

（一）人力安排标准

“麻雀虽小，五脏俱全”，一个完整的团队应包含各种职位人员并且有明确的职责划分。例如：

1.理事长1名、副理事长1名；

2.环保活动企划主管1名、活动企划专员2名；

3.项目执行主管1名、项目执行人员10名；

4.秘书处秘书长1名、秘书1名。

以上职位可以团队的方式应征，并给予团队相应身份。

职位描述：

1.参与或承担环保志愿服务项目的策划工作；

2.参与或负责环保志愿服务活动和志愿服务项目的策划；

3.负责培训本组织内部的策划骨干。

（二）素养选拔标准

任何人员的选拔最基本的一条就是爱国守法，必须坚决拥护中国共产党的领导。在这基础上再对人员的专业素养进行考核。

1.无犯罪史，并自觉遵守宪法、法律及各种规章制度，自觉维护志愿者服务队的形象。

2.无精神病、重大传染病。公益活动是为了改善民生，但若活动实践人给百姓带去了危难，那是重大事故。所以志愿者队伍一定要专业、靠谱。很多重大传染病的病人并没有明显的病症，如AIDS、呼吸性传染病，这就要求团队对志愿者的健康状况要有熟悉的把握。

3.有基本的环保常识。鉴于志愿者的环保工作中也涉及对民众进行环保的科普，因此志愿者有关环保的通俗知识也是很重要的。并不一定要有多么精深的专业知识，而是知道如何科普才能将知识易于被民众接收。

4.有志愿服务工作经验的优先。任何一项事情的进行难免会出现各种各样的“惊喜”或是“插曲”，在新手初次遇到时会措手不及。这时团队中会有老手就能“猝然临之而不惊，无故加之而不怒”地熟练巧妙处理意外。

5.性格随和、有团队意识的优先。志愿者的环保工作很多是在野外进行，部分工作环境还很恶劣，这是对志愿者的极大考验。所以选拔志愿者也要考虑到他们的脾气、性格、心性等，情绪稳定、心态理性的人在复杂的环境往往表现更好。再者，有团队意识的人尤为可贵，他们知道怎样在个人利益与集体利益之间取舍，怎样使团队高效完成任务。

6.专业性要求：独到、敏锐、前瞻、富有创造性思维；出色的文字表达能力和口头表达能力；热心公益事业，对群众性大型活动有深刻认识；具有独立承担项目或活动策划经历者优先。

三、志愿者选拔方式

在上述几项选拔标准下，筛掉最不符合的人员（有犯罪史、重大疾病），选拔人对他们的综合素质进行打分，每一位报名者都去掉最高分与最低分，按照分数排序依次录用。每一位录用人员都要经过所有选拔人员的签字同意，对于有异议的，统一集体讨论为何剔除/录用，直到取得一致商讨结果。对于经过团队筛选的志愿者，先在第一时间电话通知他们已被录用，确定其能按时按地参加志愿服务。对于未录用的人员，也要感谢他们的热情参与，要让他们对志愿者团队有良好印象，给予他们合适的婉拒理由。

第二节　环保志愿服务的志愿者培训

※

志愿者是构建和谐社会的重要力量，是先进青年和优秀群体的代表。培训的目标就是为了更好地提高志愿者综合素质，使志愿者的培训更具规范性和科学性，从而推动志愿者的工作向着更高层次和更广阔领域发展，使志愿者群体成为文明、和谐的代表。

一、志愿者培训方式

（一）集中开展学习培训活动

这种培训主要是理论上的，邀请有关专家学者、优秀志愿者典型作专场报告讲座，通过视频教学的形式诠释志愿者的意义和各个岗位志愿者的工作要求。

（二）骨干培训

针对关键岗位的志愿者以学习营、训练营方式展开培训。这种培训主要是针对高层，培训他们的领导力、沟通力。

（三）实践培训

相对于第一点的集中学习，实践培训是将理论应用于现实，通过开展各种公益实践活动、组织实战演练等方式，提高技能，培养团队精神，营造志愿服务氛围。

（四）测试评估

通过对志愿者素质的测试，评估培训效果，确保达到培训的预期目标。最后的评估主要是培训后的“验收”，让在培训上的付出有所值，使志愿者全副武装地上阵。

总之，服务组织可以邀请教育、咨询专业机构，对志愿者进行专业培训。培训方法可以采取观摩、讲座、实地考察、观看影像资料、专题讨论、角色扮演、示范操作等形式；培训要以大集中和小分散相结合的方式进行，保证培训质量。

二、培训导师的确定

“火车跑得快，全靠车头带”，志愿者培训导师的作用很是重要，因为其决定了志愿者的专业水平。对于培训导师的选拔，要兼具知识的专业性与经验的广阔性。第一，导师要有多年志愿服务经验，这样才能将其遇到的各种事情的处理方式传授给听众。第二，导师最好是有环保背景的，知道如何将环保知识融入志愿活动中。

三、志愿者培训内容

救助动物不当案例

四川省什邡市森林公安局民警接到报警称，什邡市冰川镇上有一只受伤的国家保护的“三有”动物毛冠鹿（俗称“麂子”）跑入村民家中。于是，民警迅速联系九顶山省级自然保护区什邡管理站野生动物收容救护中心（以下简称收容救护中心）工作人员对受伤的毛冠鹿进行救助。由于收容救护中心缺乏收容场所以及药品、手术器械等救治条件，便将毛冠鹿委托给什邡某私人动物园进行收容和救助治疗。动物园工作人员魏某某在救治过程中发现，冠鹿的右后腿被猎夹夹伤。同时，什邡市检察院也接到了群众举报。“当我们赶到该动物园时，却发现毛冠鹿已经死亡。”什邡市检察院公益诉讼部主任高薇介绍：“我们还发现野生动物收容救护中心委托同一家私人动物园，收容救护的另一只国家二级保护动物藏酋猴，因为动物园的隔离设施不善造成其右前爪被隔壁关的一只狼咬掉了。”

经什邡市检察院进一步调查发现，原来，九顶山省级自然保护区野生动物收容救护站没有相应场所、设备等，只能将受伤的野生动物委托给一家收容救治设施设备较为简陋的私人动物园进行救治。毛冠鹿死亡后，收容救护中心委托该私人动物园工作人员魏某某进行处理。魏某某未按照《野生动物收容救护管理办法》第10条的规定，对收容救护后死亡的野生动物进行检疫，而是直接将死亡的毛冠鹿进行无害化处理后，深埋于动物园内。

由案例可见，在志愿服务过程中，单有满腔的热情是不够的，还应该掌握一定的服务技能、行为规范、沟通技巧、应变能力等。

（一）通用培训

主要使志愿者具备志愿服务必需的知识技能，具备较强的服务意识、服务精神和服务能力。正确的政治理论（党的路线方针政策；马克思主义哲学的有关范畴；社会学、心理学、逻辑学的有关知识）、志愿服务理念培训、志愿服务礼仪培训、应急救援与志愿者自护和医疗常识培训、志愿服务心理培训和团队意识培训、志愿者体能培训、志愿服务的含义（优秀志愿者服务心得分享）、服务类型、服务意义（参与志愿服务对提升自我的帮助）、志愿者的权利和责任等。

例：驿站志愿者培训课程设置

	培训目的	培训内容
课程一：志愿驿站概况及日常管理	确保志愿者对驿站概况及日常管理工作有基本了解。	（1）志愿驿站基本概况； （2）志愿驿站的功能、定位及日常管理运行。
课程二：驿站服务礼仪规范	通过对驿站服务礼仪规范的进一步讲解，特别是“志愿礼”的推广学习，增强其参与志愿服务的光荣感和使命感，提高其工作能力，增强规范性。	（1）驿站志愿者仪容仪表； （2）驿站服务指引、接待规范； （3）“志愿礼”推广学习。
课程三：“志愿时”综合系统应用实操	使志愿者了解志愿服务信息化管理，掌握“志愿时”系统应用技能。	（1）“志愿时”系统简介； （2）“志愿时”系统架构介绍； （3）“志愿时”系统操作流程实操演示及教学。

（二）专业培训

重点对象是专业志愿者根据服务岗位的专业要求实施相关专业知识和技能的培训。环保基础知识、环保志愿服务事业发展情况及成果展示，如关于保护野生动物的培训，每种野生动物都有不同的生活习性，想要更好地实施救助，首先要能辨识野生动物的具体种类，了解其生活习性，然后才能合理地实施救助。如果给食肉动物喂素食、给食素动物喂肉食，不仅不能保护，反而还会伤害。这些看似简单的问题，但具体到某一种鸟或某一种兽，普通民众可能几乎一无所知。

人民群众发挥力量的方式是多元化的，除了直接改善、保护环境外，还可监督相关处罚破坏环境的司法事件。不光是志愿者，广大人民群众也可以参与行政处罚的审议中，赋予司法程序更多的公正性。

公众参与机制案例

浙江省嘉兴市南湖区市民陪审团参与环境行政处罚。环境行政处罚案件在自由裁量权范围内，怎样的处罚额度才合理?什么都由执法部门说了算，自由裁量权是不是过大？为了避免案件处罚自由裁量权行使过程中产生的同案不同罚、人情罚、态度罚、行政议价等现象，2009年，浙江省嘉兴市以南湖区为试点，制定《南湖区环境行政处罚案件公众参与制度实施办法（试行）》，将公众参与机制引入环境行政处罚的审议过程，组成公众评审团，以召开案件公众评审会的形式，对原本法律只赋予行政机关的自由裁量权进行评议。

（三）培训要求

1.高度重视。各志愿者团队应高度重视培训工作，做好人员组织工作，按要求填写报名表并交由专员统一报送。

2.遵守纪律。要求各志愿者注意遵守培训纪律，不迟到、早退，珍惜学习机会，积极参与交流、互动。

另外，还要在培训过程中不断调整培训内容，并分析志愿者的需求，培训需求分析有两点好处，一是降低成本，二是促进培训实施效果。具体分析内容是:

1.需要志愿者提供真实的个人信息，志愿团体对志愿者兴趣、爱好、工作状况、学业情况等有整体掌握。

2.组织志愿者展开讨论会，通过沟通了解志愿者的需求，制定合理的培训方法和培训时间。除此之外，还要对志愿服务对象进行调查，了解更多有益的改进建议。

3.培训要考虑团队的经济状况以及未来发展规划。

总而言之，培训的目的是端正志愿者的初心，摆脱他们工作时容易产生的道德优越感、救世主情结、领袖欲、表现欲、英雄主义情结、强己所难、排他性等七大错误思想。为了让志愿者端正思想，抛弃利己主义、以权谋私，让他们从源头上打消掉不端思想。

四、志愿者培训周期

上岗引导培训可以为志愿者提供环保工作的基本知识，有利于消除他们对这一偏户外工作的陌生感和焦虑感。培训可分三个阶段，第一阶段简单介绍环保工作，第二阶段在较长时间里对这一工作有深入了解，第三阶段则需要更长时间的上岗实习，了解环保工作的现状、远景、服务领域、服务理念和宗旨等内容；对具体岗位做针对性教育，让志愿者对自身工作有一个系统的认识；还可以定期召开讨论会，专门为新加入志愿者的疑惑进行解答等。对于志愿者的培训要循序渐进，要设定合理的周期。

第三节　环保志愿服务的志愿者激励

※

为了激发志愿者的工作潜能以便将公益环保活动的效果最大化，有必要对志愿者进行一些约束，即考核他们的工作表现。对考核结果做些反馈即有奖有惩，不断优化志愿者队伍的服务。对于公益性的服务活动我们讲求的是情怀，但只有情怀也不能够支撑环保服务的进行。充分发挥人的主观能动性也要依靠适当的物质奖励，因此，在嘉奖方面并不排斥物质奖励。

一、对志愿者的考核方式

评估和考核志愿者的工作不仅是激发志愿者工作志气、提高工作积极性的一种有效方式，而且它本身也是组织激励系统的一部分。对志愿者工作进行绩效考核和评估既可以对志愿者的工作情况做一个总结，为志愿者的评优提供切实依据，又可以让志愿者明白自己在工作中的优势与不足，在吸取经验教训的基础上继续发扬优点，最终实现评估与发展的双重目的。因此要不断完善志愿者工作评估和绩效考核机制。一套良好的评估和考核体系应该是多角度的，且始终贯穿组织工作的整个过程。非营利组织管理者要尽快建立起由管理者、志愿者个人、志愿者工作伙伴、服务对象等360°全方位评估机制，并聘请专业人士对评估工作专门指导。组织的管理者也要在平时注意收集有关志愿者在其岗位上的工作行为表现和工作结果方面的信息情况，评估工作应遵循及时原则、公平原则、结果公开原则。

二、对志愿者的物质奖励

志愿嘉奖以精神奖励为主，物质奖励为辅。如社区启动志愿服务积分年末兑换活动，志愿者可通过用积分兑换日常生活用品，兑换的东西可能只是一条毛巾、一套餐具、一个水杯、一支牙刷等，但礼轻情义重，表达了社区对志愿者服务的感谢。这一做法改变了志愿者单向付出的状况，将志愿服务的受益人群延伸至志愿者本身，也激励更多人从事志愿服务。这种奖励机制有助于提高志愿者的参与热情，还通过制度形式保障了志愿者的自身权益，吸引了更多人的加入。

三、对志愿者的精神奖励

精神激励方面又可分为正精神激励和负精神激励。负精神激励也即惩罚，志愿组织应对组织内少数抱有投机主义的志愿者进行批评，以端正他们的思想，但这种情况不多，大多的志愿者还是具有勇于奉献和付出的精神。对于大多数志愿者来说，他们进入志愿组织不是为了得到物质报酬，而是为了追求自我实现的一种精神追求。因此，在志愿者激励工作方面应注重正精神激励，可制定一些荣誉奖章或奖项，这些殊荣不仅肯定了志愿者的服务历程，还可能影响他们的一生。同时，还可以举办表彰大会，在志愿者心中树立榜样典范。或是对志愿者的工作情况不时地给予一定的关心和关注，也能够让志愿者感觉到关怀，继而产生强烈的组织认同感和归属感，从而调动起志愿者工作的热情。也要给志愿者一些自主处理工作的权力，这不仅是对志愿者的信任，还是种尊重。志愿者有了自主权就有了更强的责任感和使命感，实现自我价值的欲望也会更强烈。为志愿者创造良好的工作环境，良好的工作条件可激发志愿者的工作热情，提高工作效率。

总之，志愿者是非营利组织非常重要的人力资源，组织要做好志愿者的激励工作，运用多种激励方式相结合来充分调动志愿者的热情。

四、对志愿者的团队管理

首先要纠正志愿者的不纯思想。在多样化的社会，志愿者队伍的庞大性难免会出现个体怀有“功利性”的不良动机，所以要更正志愿者的“初心”，纠正他们的不端目的。快乐感和收获感固然重要，不论自拍或合照抑或交友结伴都无不可，但请不要忘记这些都是真正的志愿服务后才做的分享之举，此逻辑顺序不可颠倒，否则过犹不及。其次是加强对志愿者的人文关怀力度。组织管理者应关注志愿者的思想动态与需求，通过定期的交流沟通及时发现并解决志愿者的困惑与困难。志愿组织还应注重团队建设并建立完善的激励制度，通过评估反馈及表彰等手段保护志愿者的服务热情。最后是要采用科学化管理模式，并定期进行组织评估及战略规划。明确组织定位及长远目标，做出不同阶段发展规划，明晰组织机遇与挑战，这必将对环保类志愿组织长期发展起到至关重要的作用。当下公益活动愈发活跃，志愿者应积极尝试与社工、公益人士、相关组织者等加强合作。

任何长期的事业要想可持续发展都必须依靠综合的力量而不能放任自流，环保类志愿服务同样不例外。志愿服务虽然强调参与者的自愿性，但同样需要整个社会的支持。多方面直接或间接保证志愿者期望及需求得到满足，提高服务质量是环保类志愿服务发展的长久之计。

第四章

环保志愿服务的资源准备

“巧妇难为无米之炊”，任何活动的进行都是建立在充足的物质保障基础上的，环保志愿服务活动要充分考虑到志愿活动所需的各种物资，包括硬件资源与软件资源。

第一节　环保志愿服务的有形资源准备

※

在平时的志愿活动中经常可见志愿者们带着林林总总的各种工具，这是他们的实践物资，环保工作的户外性决定了所带工具的多样性与特殊性。从工作的刚需角度考虑，要携带收拾环境的工具，也要准备处理意外受伤的医药箱。

一、基本通用类工具

无论从事何种类型的志愿活动都须配备基本的物资显示志愿活动这一事项，即让群众了解到这是正规、专业的志愿活动。

（一）志愿者形象、口号宣传类工具

第一是志愿者的马甲，关于颜色选取，很多人对于志愿者的第一印象就是红马甲，这确实是志愿团队的首选，因为红色代表着吉祥、喜气、热烈、奔放、激情与斗志，但志愿者的专用服饰颜色并不是固定的。环保主题中，也可以用绿色马甲，因为绿色象征着生命、农业、环保。对于马甲上的图案以简约风格为主，因为马甲的衣服表面有纹理，太细腻的细节印刷不出效果；图案面积太大，会影响整个衣服的透气性，穿起来有点腻乎。第二，横幅是活动后合影的必不可少道具，为了体现志愿团队的专业性，对于此道具的甄选与设计也要有所考量。横幅的标语要直白简约，在有限的字数内传递最多的信息："某某团队于某地做了什么事。"其次是大小适中，根据派出的志愿者人数而决定横幅的大小。再次是材质过关，因为要重复利用。"某某团队于某地做了什么事"的字样中修改每次去的不同地点即可，我们本身就是环保工作者，要在细节中将环保工作进行到底。

（二）志愿者随身防护用品

首先是医用口罩。与普通口罩不同的是，医用口罩轻便、舒适、无味、不含玻纤，对皮肤无刺激性、防水，且经过消毒后可以杀灭或清除传播媒介上的病原微生物，使其达到无害化；并且可以防尘，因呼吸阻力小，佩带卫生，将气溶胶、粉尘、熏烟、雾滴、毒气和毒蒸气等经滤料吸附，阻挡而不被人所吸入，有效隔绝污染源。医用防护口罩还应具有有效阻隔液体喷溅的功能。除了这个最基本的防护品，这有防晒霜、防蚊水、抗过敏药、防暑降温用品等。

（三）科普的教材

志愿者的工作不仅局限于自己做环保的事情，也包括将环保的理念传达给群众。这就要向大众科普环保的理念，鉴于传单的传播效应的短期性，为了使群众能长期接触环保信息，可将宣传环保意义与重要性的文案印制在生活物品上发放给群众，如纸巾的包装、垃圾筒的外围、抹布、打火机等。以免费发放物品的方式在民众聚集区先是讲解环保事宜，再发放这些物品。

二、环保主题类工具

（一）处理垃圾的工具

首先是捡拾垃圾的工具，如夹子、镊子、捞网等工具，要轻便、折叠易携带。对于小范围的污染，志愿者可自行将垃圾处理掉，一是亲力亲为美化了环境，二是可起到示范作用。

（二）专用户外工具

野外考察用的便携式GPS、对讲机、工作手图、手电筒等，除了这些通用的，志愿者也要准备一些救助野生动物的专业工具。随着国家生态建设力度加大，生态环境得到快速改善，野生动物数量不断增加，种群也在随之扩大，野生动物救助面临的压力越来越大。如果没有人类及时出警救助，将在社会上造成不作为的恶劣影响。然而当前志愿者救助野生动物不能仅靠一双手和一颗火热的心，没有必要的救助防护装备，如防咬手套和腿套等用以辅助的救助防护装备，极易发生志愿者在救助过程中被动物咬伤、抓伤等情况。如果被救助的动物携带疫病，缺乏防护的救助将会给志愿者的人身安全带来极大威胁。

每年春季和秋季是候鸟大量迁徙的季节，此时也是候鸟救助高峰期。然而此时北方地区湖水、河水温度都在0℃左右，且受困的候鸟往往不在岸边，有些地方水位很深，志愿者贸然下水施救也存在危险。这时候，如果没有皮划艇等救助工具，几乎无法实施救助工作。在救助过程中，野生动物出于自我保护的本能，几乎都会攻击施救人员。救助非食肉动物还相对简单些，只要防止被抓伤即可；但是在救助体型较大的食肉类动物时，如果没有制服性装备，就不能在短时间内控制住它们，在救助过程中极有可能造成动物的二次伤害，志愿者被攻击的危险也随时都可能发生。

第二节　环保志愿服务的无形资源准备

※

硬件方面的物质准备是基础，再加上无形的软件准备，能让环保志愿工作如虎添翼，这其中包括志愿者团队的知识储备、资深志愿者的丰富经验、志愿者组织所争取到的资金等。

一、知识储备

在第二章的第二节已提到对志愿者的培训内容，他们在专业知识的加持下才能将志愿活动圆满执行。这里的知识储备包括：

水质中的微生物超过多少是污染？不同的污染源用什么样的处理方式？

空气中的尘埃超过多少是污染？雾霾天气与工业的碳排放有怎样的联系？

城市中的噪音超过多少分贝是扰民？隔音墙的作用有多少？

土壤中的盐碱量多少是盐碱化？含沙量多少是沙漠化？

……

只有对类似这些环保知识中的量化数值有了掌握，才能正确判断出是否污染。

二、经验积累

环保工作既是与大自然做斗争更是与人类做斗争，这是一个知识涉及面广的工作，所以也对志愿者们的从业经验提出了要求，主要是治理环境与教育民众方面的经验。

（一）治理环境的经验

要从专业角度提升环境的承载力，让环境不那么脆弱。鉴于环境的多样性与脆弱性，志愿者上岗前必须具备相关经验与知识。如对河流的治理，如何防止短期再次污染；对土壤盐碱化的治理是要有大量投入成本的，怎样才能不让人力与物力投入成为沉没资本；空气污染与当地的工业发达不无关系，在管控工业碳排放时以何种力度管控才能不耽误经济增长？这些都需要丰富的治理经验。如何积累经验？在校大学生志愿者可与环保局进行校局合作。

校局合作案例

2014年6月5日，合肥工业大学宣城校区团委与宣城市环境保护局于世界环境保护日这天签订大学生环保志愿者服务活动合作协议。

校区党委副书记、管委会副主任蒋传东与宣城市环保局局长黄虹宁分别致辞。郝帅丞同学代表环保志愿者发言。校区团委书记盛义保、市环保局副局长顾黎霞分别代表校区团委和市环保局签署协议。

黄虹宁简要介绍了宣城市环保局的基本情况和宣城市环保形势。他表示，环保局将以此次协议签订为契机，加强与校区的合作，为大学生提供社会实践平台。

蒋传东表示，此次与宣城市环境保护局合作，是校区志愿活动的延伸，关注环保是当代大学生的责任。他希望通过双方签订此合作协议，建立长效合作机制。

此前，校区环保协会与市环保局合作开展了城市环境满意度调查和青弋江泾县段生态调研等活动，取得了良好效果。

（二）与群众工作的经验

因为人类是破坏环境的“罪魁祸首”，与人类打交道特别是与农村基层打交道更要有工作经验。例如，提倡农田禁止燃烧秸秆，但如何将这项提议让农民心甘情愿接受并执行是非常复杂的，毕竟农民的生存现状并不允许他们将环境因素放在首位，且他们的学识素质也没有很强的保护环境观念，这就要求志愿者具有长期与农民打交道的经验。

三、资金到位

经济基础决定上层建筑，任何事物的进行都要有经济的支撑。虽说志愿工作不用支付给活动人报酬，但其他各种事项也涉及花销，这就要求志愿团队筹备到足够的经费。经费来自4个方面，分别是：

（一）政府财政支持

各级政府及有关部门可以依法通过购买服务等方式，支持志愿服务运营管理，并依照国家有关规定向社会公开购买服务的项目目录、服务标准、资金预算等相关情况。

（二）依法获得的社会捐赠、资助

如向商家拉赞助，将他们商标的logo印制在绿马甲、横幅、打捞工具上，这是一种互利。鼓励自然人、法人和其他社会组织对志愿服务组织和志愿服务活动进行捐赠。

（三）志愿服务基金收益

目前中国有志愿服务基金会，该组织通过网络平台筹集资金，用于对中国青年志愿服务项目大赛获奖优秀组织、项目的培育孵化、持续支持、跟踪指导，不断推动志愿服务项目化运作、社会化动员和制度化发展，助推志愿服务机制、队伍、项目、阵地等建设。环保志愿活动也可向该基金会申请经费。

（四）其他合法收入

在志愿服务过程中所收集的可以变现的物品，如最常见的可回收垃圾，卖向废品回收站的收入可用作以后的活动经费。

第三节　环保志愿服务的备用资源准备

※

部分地区环保活动具有长期性与环境恶劣性特征，这就对于资源供应有了更高的要求。因此，要在原有的基础上留有备用份额。不能因为资源的补给不到位而让环保志愿活动留有遗憾。

一、团队基地的值班人员

志愿者的组织要有“根据地”，因为根据地是部署志愿活动的“大后方”。在前方志愿者们下基层保护环境时，团队基地要留有部分人员值班，直到外出的志愿者们安全归来。他们在值班时要时刻密切关注前方的工作动态，如志愿者们在下基层时拍摄被污染河流但无法确定污染源时，基地办公室的人员要通过其他途径协助；或是前方出现志愿者受轻微伤，值班人员为其备足后期所需的药品。

二、服务工作的随从备份

精简的队伍也会出现人手不足的现象，如已出发志愿者在中途遇有紧急事件需离队，这时就需要志愿者团队基地有人员立马替补，来保证活动的圆满完成。再如在保护环境时因过敏、跌伤、被昆虫咬伤等需要送医院就医的，这时就需要备份人员负责意外志愿者的照顾。

三、服务地点的提前准备

凡事都要做充分准备，包括对服务地点的考察。特别是要前往一个完全陌生的地区，或是恶劣的环境，要对当地做必要的准备工作。如提前考察该地是否有意外的发生，特别是滑坡、泥石流等自然灾害，或是治安问题。还有就是要提前在当地有所宣传，特别是环保教育科普活动，吸引更多受众的到来。

第五章

环保志愿服务的服务人群

美国科普作家卡尔·萨根曾指出对于从事科学普及工作的人来说，巨大的挑战是如何向人们说清楚科学发现的真实而又曲折坎坷的历史和人们对科学的误解，以及科学的实践者偶尔表现出来的决不改变航向的执着的顽强精神。与科学发现相比，科学方法重要得多。可见对于不同的人群，要用不同的方法向他们讲述科学。同理在环保服务中，对于不同阶级的人群也要有不同的服务重点。

第一节　不同年龄的服务人群

※

人与人之间是千差万别的，不同的人对于同一事物有完全不同的接受度，这取决于他们的学识与涵养、年龄与经历、成长环境、职业轨迹等等。所以不能用同一模版教化人类，对于不同群体的环保教育要有不同的侧重点。

一、对学龄前儿童的服务要点

（一）利用儿童的易教化性，带领其做环保手工

学龄前儿童是人生观的塑造期，对这一类群体的服务要点是从思想上着手，教育他们养成环保的习惯、认识到保护环境的重要性。可将活动地点放在社区。

（二）抓住儿童的思想形成期，培养其保护环境的习惯

中国有句古话“三岁看老”，一个人在儿童到少年时期形成的思想品质与行为习惯，会对他的一生产生重要影响。因此有必要对孩童的思想与习惯有所干预。

环保主题的手工活动案例

[活动主题]感受地球生态环境日益恶化

[活动准备]活动前，课前收集有关生态环境的资料（图片或影像）。准备涂色工具（水粉色、调色盘、水桶）。教室布置：在教室四周的墙壁上张贴环保宣传画和相关资料，多媒体课件。

[活动过程]游戏并导入：一年之中节日有很多，这些节日你都知道吗?现在我们来做一个有关节日的小游戏。大家注意抢答。(分别出示:3月8日、9月10日、3月12日、3月15日、12月25日、4月22日)

导入新课：我们今天来认识4月22日——世界地球日，简介世界地球日的由来，那么世界地球日究竟是怎么来的？是从哪一年开始的？看了下面课件你们就明白了（出示简报）。引导幼儿感受地球的美好（出示太空中的地球图片）。我们所居住的是一颗十分美丽的星球，有着非常迷人的自然风光以及丰富的动植物资源。（分别出示自然风光和动植物图片），引导幼儿感受地球现状，但是由于人类对地球资源开发利用不当，导致生态环境受到非常严重的破坏，下面我们就来看看这些触目惊心的照片吧，（分别出示照片）。引导幼儿交流资料，这些只是人类破坏生态环境的一部分。志愿者给小朋友看了不少有关环境污染的资料，再说说感受。谁愿意把自己的资料用最简短的一两句话讲给全班小朋友听，并说说自己的想法？刚才的发言中老师能深切地感受到小朋友们对我们的家园充满了忧虑，因为我们都明白：地球只有一个，它是我们的家园。绝大多数人类是非常喜欢大自然的，在日常生活中我们会看到人们用绘画、雕塑、电视剧等等各种艺术的方法批评那些破坏环境、捕杀野生动物的恶劣行为。接下来，我们就来欣赏几幅这方面的绘画作品。作品欣赏完，请小朋友以世界地球日为主题，用手中的画笔表达对地球环境被破坏的担忧。

环保主题的早教活动案例

此活动目的是要将环保的概念与思想融入早教活动中。

[活动方案]嚼后口香糖处理方式

[活动准备]活动前，每个幼儿都吃一块口香糖，并在开课前做自行处理。准备6张不同处理口香糖方法的图片及投影仪。

[活动过程]让幼儿说说自己是怎么处理刚才那块口香糖的，并回忆讨论在哪些地方见过人们吃过的口香糖。出示图片，引导幼儿观察6个小朋友处理口香糖的行为，说一说哪些是对的哪些是错的（A：把口香糖粘到别人身上；B：把口香糖吐到地上；C：把口香糖粘到墙上；D：把口香糖拿在手里玩；E：把口香糖粘到汽车的座位上；F：把口香糖扔到垃圾桶里）。

找出正确处理口香糖的方法，并让幼儿当场用正确方法处理口香糖。老师介绍关于"广场地面被口香糖污染"的新闻，从而使幼儿知道乱吐口香糖可不是小事，因为它会污染。幼儿朗诵师生共同创编的诗歌《地球妈妈，我爱您！》。

二、对求学期学生的服务要点

（一）将环保与素质教育相挂钩，培养学生的环境素养

学生是祖国的希望，对这一类群体的服务要点是让他们意识到自己肩膀上保护环境的重担，提高国人的公共道德与素质。1968年美国学者Charles E. Roth提出了"环境素质"这一概念，环境素质标准（Environmental Literacy Standards）是指人们所具有的环境知识、价值理念和态度行为的整合系统标准。人们通过掌握有关环境知识，并内化为环境价值和态度等，进而用以指导自己的行动，培养正确的环境行为是环境教育的最终目的。1970年，美国总统尼克松在美国环境质量委员会的年度报告中，以"环境素质"为题，阐述了环境素养的重要性。此后，环境素质的理念逐步为国际社会所接受。1978年联合国教科文组织在苏联召开环境教育会议，对具有环境素质的人的特征进行了讨论；1990年联合国将该年定为"环境素质年"。由志愿者牵头的环保工作能培养公民的公德心，让他们意识到保护环境是合格公民的义不容辞义务。同时，作为志愿者的身份也让公民产生了约束自身行为的自觉性。公众环境素质的高低直接关系到"美丽中国"的实现。

（二）利用学生文具的丰富性，展示如何保护环境

处于求知期的学生们，每天都离不开各种各样的学习用品，但选购不当会对身体产生危害，如有香味的文具笔可能添加了甲苯、二甲苯等有毒化学物质，并且有毒物质含量多的圆珠笔气味更香，这类圆珠笔对孩子的健康百害而无一利。橡皮散发出来的香味是由于添加了一种名为“邻苯二甲酸酯类化合物”的有毒物质；市面上的塑料包书皮大多添加了一种叫“增塑剂”的物质，这是为了使塑料书皮柔软而添加的，这类物质中含有邻苯二甲酸酯等等。因此要向学生讲述在选购文具时避开此类雷区。

废物利用案例

“跳蚤市场”活动能使废旧物品物尽其用，避免了浪费，倡导了节约，使青少年在活动过程中潜移默化地强化了循环经济意识，让青少年从小懂得“废物利用”“变废为宝”。同时，也解决了许多青少年家中旧用品“堆积如山”的难题。

1.旧货交易。把自己淘汰的用品，如玩具类、学习用品类等拿到跳蚤市场直接交易。

2.变废为宝。把自己淘汰的用品，如玩具类、学习用品类、服装类等进行环保处理，废物利用，把废品重新加工后再拿到跳蚤市场进行交易。

3.物物交换。把自己的手工制品或用过的物品与同伴进行物物交换。

4.义卖捐款。为贫困、重疾的孩子义卖，把自己卖得的费用捐给社区爱心银行。

三、对中青年群体的服务要点

（一）抓住其处于奋斗期这一点，讲述参与环保事业的无形帮助

中青年是社会的中坚力量，他们的言行很大程度上代表社会的文明程度，所以他们是保护环境的主力军。对于这一类群体要向他们讲述参与环保工作代表着互惠互利，保护了环境也锻炼了自己的能力。

志愿者们能在服务工作中不断成长和自我增值，包括开阔视野、增

广见闻、紧贴时代动脉、重塑价值观、磨炼人际关系技巧、实现自我理想等。组织对志愿者制订合理及具体的守则（例如不许志愿者迟到时，应当说明过时多久才算迟到，守时的志愿者应以表扬来激励），志愿者的方方面面素质都得到了提升，实现了自我价值。如与团队成员相处融洽，以后成为团队骨干，懂得关怀成员，在适量的具有挑战性的任务和全程参与的机会中，增强了成就感。这些优化都对志愿者将来的从业带来了无形的帮助。对于中青年而言，特别是有志于从事公益类或是机关事业单位工作的中青年来说，加入环保类志愿活动提前体验体制内基层人员的工作日常，可快速适应新工作。因为在当下“创文”“创卫”的号召下，诸多基层公务员构成了清理环境的大军，他们穿着红马甲、拿着U型钳穿梭在大街小巷，是名副其实的“环保卫士”。对已参与工作的公民而言，如果有政策规定可以参与环保志愿活动，则有利于环保活动与环保精神在全社会的普及。

志愿者评定制度案例

2018年底，河南省委宣传部、省人大常委会办公厅、省人大常委会法工委、省民政厅召开《河南省志愿服务条例》（以下简称《条例》）新闻发布会，介绍了《条例》的出台背景、立法过程和主要内容。《条例》对此也有规定，如高等学校、中等职业学校可以将学生参与志愿服务活动纳入实践学分管理，教育行政主管部门应当将学生参加志愿服务活动情况纳入综合素质评价体系；县级以上人民政府或者精神文明建设指导机构按照法律、法规和有关规定对贡献突出的志愿者、志愿服务组织进行表彰和奖励。

《条例》还规定，公务员考录、事业单位招聘可以将志愿服务情况纳入考察内容，鼓励企业和其他组织在同等条件下优先招用有良好志愿服务记录的志愿者；鼓励公共服务机构等对有良好志愿服务记录的志愿者给予优待；将有良好志愿服务记录的志愿者的信息纳入河南省信用信息共享平台；志愿服务组织应当建立以服务时间和服务质量为主要内容的志愿者星级评定制度。

（二）利用其家庭主力军身份，科普家中环境污染源

中青年是家庭装潢、装修的主要操劳人员，在家装行业也有很多辐射，这点容易被忽略。对于中青年群体还要向他们科普这方面的知识，让家人免于被辐射污染。如装修时使用花岗岩、大理石，其中放射性气体会从花岗岩或大理石里释放出来，对生物“施暴”。据报道，美国每年有两万人患肺癌与室内氡气有关。对此，要提高防范意识，重视预防室内氡气的辐射，装修选材要慎重，室内要保持通风，以稀释或排除氡气。各种板材是造成室内甲醛污染的主要来源。选用较高等级如EI级、EO级的环保板材，能有效控制甲醛的释放量。石材瓷砖所产生的污染是无色无味的，特别是一些花岗岩等天然石材，可能含有一定的放射性物质，应该严格按照国家规定标准进行选择。对于贴墙砖，使用室内墙砖粘，施工时只需要兑一定比例的水后搅拌均匀就可以铺贴了。铺设复合地板时，用锁扣式地板，完全不需要再用胶水加固。在吊顶时选用轻钢龙骨石膏板吊顶，环保、防火，不易变形。

（三）利用其是未成年子女监护人的身份，让其意识到环境保护的重要性。

中青年处于人生而立与不惑的关键期，上有老、下有小，特别是担当幼小子女的监护人，所以他们对于子女的健康负有绝对的责任，他们要保证子女生长在清洁的环境中。要让他们意识到被污染的环境对小朋友的健康危害。

环境诉讼案例

2008年，江苏一新生儿出生没多久被诊断为脑瘫。悲愤的父亲通过走访、调查，在2010年9月，将离家不到190米的海安垃圾焚烧厂告上法庭。其父认为焚烧厂的污染，特别是二噁英等排放物的污染是导致儿子脑瘫的直接原因。

案件涉及一个中国环境案件诉讼的经典难题，即受害者难以证实自身受害与环境损害之间的因果关系。因此，在一审时，法院以因果关系举证不足为由，判原告败诉。

新生儿的父亲并不甘心，决定继续上诉。律师仔细研究起案件。在看到污染物排放数据时，他突然发现厂方犯了一个科学上的错误：误将空气中污染物的浓度当成焚烧厂烟囱中排出烟的浓度，“这是两个完全不同的数量”。此时，律师又发现排放数据本身也有问题，已超过国家的一些现行标准。

二审法院认为，此案应适用“举证责任倒置”原则，即由被告方垃圾焚烧厂证明其生产行为不导致损害发生。

科学在发展过程中，很多东西没有定论，但还是有关联的，比如二噁英可以导致人的甲状腺激素异常，而甲状腺激素异常跟胎儿的神经性发育有关系。此外，二噁英对精子和卵子都有毒性，生殖细胞遭到破坏，这对新生儿的生育发育会造成损害。

四、对老年人群体的服务要点

利用其想安康长寿的心理，讲述环保生活对身体的作用。对于身体较硬朗能活动自如的老人，展示他们的“夕阳红”形象，也将他们算作环保队伍的一分子。如激发老人的艺术细胞，教他们绘制环保图画，图画能向受众传播保护环境的重大意义。

对于身体较虚弱无法用实际行动来支援环保事业的老年人来说，志愿者的服务要点是让他们认识到环保与健康和寿命的关系，如在重阳节开展敬老活动，安排几个长寿老人讲述健康与环境清洁的关系。在人们的日常生活中，会有很多电磁辐射，虽然辐射较弱但老年人身体抵抗力弱，因此他们是重点保护对象，为此要做好电磁辐射防护。在房间布局上也要考虑老年人的需求，有些花卉能医治老年人疾病：天竺花能镇静安神、消累解乏；芍药花是缓解老年支气管炎的天然保健品；茉莉花能减轻头晕、目眩、头痛、鼻塞等。值得注意的是，有哮喘及花粉过敏的老人不宜养花。老年人房间的湿度一般以相对湿度在50%～60%为宜。湿度过高或过低对患有心脏、肾脏、呼吸道疾患的老年人更加不利。冬季每日至少开窗通风2～3次，每次不少于30分钟。夏季要常开窗，通风时注意老年人的保暖，避免对流风。对通风条件差的房间，应安装空气调节装置。老年人居室应定期大扫除，被单要经常更换、清洗，被褥要经常放在阳光充足的地方晾晒，可起到消毒的作用。

第二节　不同职业的服务人群

※

某种程度上说，人的行为方式带有一定的职业属性，所以对于不同职业人群的环保服务要根据他们的职业特征来。他们的职业一定程度上决定了他们的生活方式，将社会上的职业按照群体可分为以下几类：

一、对金领群体的服务要点

金领是指社会对这些人的知识结构、公关能力、团队协调能力、管理经营能力、社会关系资源等综合素质的认可。一般认为，金领不仅是顶尖的管理高手，而且拥有决定白领职业生涯的经营权。

（一）鼓励他们利用经济与地位优势赞助环保工作，获得社会认可

对于处于阶层金字塔顶端的人群，对他们的环保工作要点是要使他们行使权力助推环保工作的进行。为此，志愿者可与他们洽谈合作，把金领所在的单位作为资金赞助方，志愿者队伍将赞助方的单位名称与logo印制于横幅上、马甲上，还可为金领群体私人定制符合他们单位/工作属性的环境洁净地的旅游攻略，让全体单位人员体会到环境对于心情愉悦的重要作用，这样金领们在日常的工作中就会有环保的意识。此外，他们多是单位的高管，决定单位的运营方式，所以可向他们传输环保的节能方式。如尽量减少矿物燃料的耗用量，提高能源利用率，加速太阳能、风能、潮汐能、瀑布能等自然能源的开发和利用 。

优秀志愿者案例

2016年“最佳环境报道奖”在北京公布评选结果并颁奖，湘潭环保志愿者洪武（网名为“湘潭小武哥”）荣获最佳自媒体奖。他原是湘潭一家大型企业的企划经理和公关部长，年薪不菲。后来认识了环保界的朋友，他成为一名志愿者，经常参加环保志愿活动。2012年9月，他和志愿者一起去湘潭县一家化工厂调研时，看到环境被污染后，留下满目疮痍的景象，人们生存环境极其恶劣。当时，还有很多白发苍苍的老人给他们下跪，这深深震撼了洪武。之后，他辞去了高管的工作，成了一名专职环保志愿者。

（二）鼓励他们作为社会中坚力量实践低碳号召，以身作则

另外，金领群体视时间为金钱，他们为高效工作生活会选择最快捷的生活方式。如频繁使用一次性餐具、一次购买许多速冻速食食品、购买许多衣服从不穿第二次等等，这些都与当下提倡节约消费的社会风气不相符合，所以要向他们传输“绿色生活”的概念。“绿色生活”是指从本身做起，带动家庭，推动社会，改变以往不恰当的生活方式与消费模式，重新创造一种有利于保护环境、节约资源、保护生态平衡的生活方式与行动，是道德高尚、行为文明的体现。绿色生活是新世纪的标识，它引导着企业界去发展绿色技术与清洁生产；绿色生活是新世纪的要求，它鼓励政治家去承担人类可持续发展的责任；绿色生活是新世纪的时尚，它体现着一个人的文明与素养，也标志着一个民族的素质与力量。如使用具有节能功能的家电，装修时用国家环保部门机构认定的产品，在照明产品上用电子感应灯、红外遥控灯、光导纤维灯等。

二、对白领群体的服务要点

白领是指有教育背景和工作经验的、从事脑力劳动的阶层，与蓝领对

应，白领一般都有稳定收入。他们的时间就是金钱，外在形象很重要，为此，对这一群体的环保工作要点是在不耽误他们时间、不影响他们形象的情况下让他们践行环保工作。

（一）展示参与环保事业缓解枯燥工作的重要性

办公室白领的职业病非常普遍，对此可将环保志愿工作作为一种放松、锻炼的途径。向白领们讲述参加志愿工作对于高效工作的作用。久坐伤身，号召白领们外出与志愿者们一同铲除墙上的“牛皮癣”，仰面的动作对于长期低头造成的颈椎问题有缓解作用。白领们长期在黑灰色调的建筑物中工作，鼓励他们参与绿化的队伍中，亲近大自然，亲近植物，陶冶情怀。

生态家庭种植案例

生态家庭种植是一种居民可以实际参与、简单易行的环保活动。无论是活动的组织、开展以及后期的评比都与居民日常生活贴合，因而更便于发动居民以家庭的形式积极参与。在种植过程中，居民间的讨论也便于推动邻里间的交流，促进社区和谐发展。

一、前期准备工作

1. 在活动开展前，针对居民进行宣传。
2. 征集、统计居民意见，总结其遇到的问题及关注的重点。

二、充分调动起居民参与的积极性

1. 通过支持单位邀请相关专家对居民进行培训。
2. 鼓励居民现场提出问题，大家相互讨论。
3. 开展一些趣味家庭种植竞赛，发放植物种子。

三、场地选择很灵活

在选择场地的时候，有条件的社区可以在室外开展种植活动（如平房社区等），没有条件的社区可以鼓励居民在自己家中种植。

四、后期注意跟踪、反馈

1. 定期跟踪居民种植进展，收集生长资料及种植中遇到的问题。
2. 邀请专家为居民解答普遍性问题。
3. 开展社区内的种植评比。

配合生态家庭种植活动，可开展相关评比：社区为居民提供植物种子（或幼苗），并组织居民参与专家培训。此后，社区组织开展种植比赛，并评选出最后的优胜者。具体如下：

1.“生态家庭种植大赛”项目可在3月底启动，种植时间为7个月，在10月底选出“生态家庭种植能手”，并进行种植成果展示。

2.大赛种植的植物分为室内和室外两种。室外品种主要在有条件的平房社区种植，包括倭瓜、葫芦等品种，采用实物称重的方式进行评比，以重量大小决定比赛的结果。室内植物包括西红柿、尖椒等品种，以照片的形式进行评比，衡量标准为照片上植物果实数量的多少。建议在植物生长状态最好的时候拍摄。

3.作为评审依据的照片，要求提供不小于1MB的植物实拍照片电子版。

（二）展示日常中顺手可做的环保行为

白领们是订外卖的主力军，这就造成了一次性餐盒的环境污染，可向他们传输自带便当的卫生性与环保性。他们会将破旧衣物直接扔向垃圾筒，可告诉他们旧衣物可捐献给贫困山区，既保护了环境也避免了浪费，还帮助了困境人群。另外，白领群体生活在城市中，对于城市噪声对他们的伤害，应采用佩戴耳罩、耳塞、耳棉、防声头盔等个人防护用品来保护自己。采用个人防护是最有效和最经济的防噪声办法。他们自驾上班是交通拥堵的主要原因，倡导绿色出行，优先选择步行、骑行、公共交通。

三、对粉领群体的服务要点

粉领是指那些居家工作的自由职业者，凭借电脑、电话和传真等通信设备与外界联系。

（一）宣传低碳办公、低碳生活对于可持续发展的重要性

在家办公的工薪阶层本身就为环保贡献了一分力，因为他们免去了通勤环节，减少了碳排放。但也有不利于环保的弊端，如他们无法获取到单位里的纸质版材料，只能在家自行打印使用，但纸张的产出是建立在砍伐树木的基础上的。所以对于粉领的环保服务要点是向他们传输低碳工作对于环境保护的重要性，向他们宣传无纸化办公的便捷与经济。

小贴士

日常办公中的低碳措施

“低碳生活”对每个人来说都是举手之劳，比如我们的办公电脑，调低电脑屏幕亮度，在不用电脑的时候待机或者关机。据测算，调低屏幕亮度，每台笔记本电脑每年可节电15度，相当于减排二氧化碳14.6克。使用节能型办公电器和设备，例如电脑、打印机等，这不仅有利于节能还能省钱。其次，要尽量采购最环保的产品和服务，尽量多使用租赁形式。据测算，每台使用中的电脑，年排放出100千克的二氧化碳。显示器的屏幕应根据需求而定，小尺寸更节能。

在购置设备时，应考虑让打印、复印、传真等功能一体化。据统计，广泛使用打印机、扫描仪、复读机、传真机，每台平均会带来28.8千克的二氧化碳排放，改用一化体机能够极大地节约资源。如果设置纸张双面打印、复印，每年全国可减少耗纸约5.1万吨，节能64万吨标准煤，相应减排二氧化碳16.4万吨。日常各办公部门在印刷或者打印资料前应该考虑部门用量，认真估算印刷信息所需要的印刷量，这样做，在节省开支的同时也避免了浪费。据统计，每制造1千克的纸，就需要消耗27千克木材、130克石灰、85克硫、40克氯和大量的水。另外，在办公室尽量不用饮水机，不用的时候要关掉电源，多喝常温水也是低碳生活的一种方式。

用网络视频会议代替商务出行会议，可避免因出访外地搭乘飞机、火车或渡轮所排放的温室气体，还可节省商务出行的时间和费用。

（二）利用他们的工作自由性，鼓励他们加入环保志愿大军

粉领群体的一个最大特点是在家办公时间不受约束，他们可自行安排事情，要利用这点鼓励他们加入环保志愿大军。志愿服务本身是个人责任的外在延伸，粉领群体做志愿者参与社会服务，表示愿意承担社会责任，

意味着自我的肯定与个人的成长。对粉领群体而言，公开的赞扬与肯定显示出志愿者的努力受到了从属组织的注意，其努力的成果受到了肯定。他们善用余暇，做一些有别于工作的事，履行了公民责任、促进了社会改善，产生了影响力。

粉领群体还可利用自己的空闲时间关怀环卫工人，解决他们在生活上的后顾之忧，使他们有精力在环保上做出更大贡献。因为环卫工人承担着城市美容的职责，他们是“城市黄玫瑰”“马路天使”和“城市美容师”，他们是一座城市里开工最早的人，冒严寒斗酷暑，穿大街走小巷，日晒雨淋，风雨无阻，每天忙碌在城市的角角落落，默默无闻辛勤劳动。正是环卫工人的坚守和付出，才有了城市的洁美亮丽和人们最基本的品质生活，所以有必要关怀他们的家庭生活。如为环卫工人家庭子女学习、生活提供力所能及的辅导和帮助：

1. 建立志愿服务点

粉领为筛选出的符合条件的环卫工人子女免费提供志愿者课业辅导，按照行政区域为单位，每个区设立1~2个环卫工人子女的融爱教室，粉领志愿者每月利用周末、节假日开展不少于1次的课业辅导，1次课余兴趣课程。

2. 建立课业辅导＋特色课程库

粉领志愿者通过实地调研、访谈等形式，收集环卫工人子女的课业辅导需求，量身定制切合环卫工人子女需求的课程。一是满足学业提高的需求，根据子女学习状况定制学习计划；二是拓展课余兴趣爱好，开发书法、音乐、声乐、手工制作等课程，发展子女兴趣爱好，助其建立自信，挖掘潜能；三是开发亲子共融课程，针对亲子沟通、亲子融合等方面，邀请家庭治疗师、心理咨询师设计相关课程，促进亲子相互了解融合；四是依托少年宫，定期向环卫工人子女开放专题课堂或免费资助课堂。

3. 建立环卫工人亲子融爱基地

广泛吸纳社会资源，依托社区图书馆、儿童活动中心等现有设施，共建环卫工人子女亲子融合基地，定期组织环卫工人及其子女开展融合学习。

四、对蓝领群体的服务要点

蓝领是指一切以技术含量低的重复性体力劳动和低技术含量的办公室人员为主的工资收入者，如一般工矿工人、农业工人、建筑工人、码头工人、销售等。他们的工作属性与大自然环境接触最频繁，决定了对于他们的环保工作要有直接性。但他们的工作性质——体力劳动决定了他们的经济收入并不与体力付出相匹配，所以并不能奢望他们投身于环保工作。他们的家庭角色一般是家庭收入的主力军，是家庭的顶梁柱，所以他们的身体不能垮掉。综合这几个因素，对于他们的环保工作要点总结为如下方面：

（一）讲述环境对身体健康的重要性

向他们传输长时期工作在被污染环境中对身体伤害的信号，这样他们在作业后就不会随时随地抛弃废料。可以将环境与健康的信息、工业废料的科学处理方式等印制在水杯上分发给他们，因为他们的体力劳动工作会频繁补给饮用水，这样就有利于传播正确的环保观念。

环保与健康案例

石棉尘不仅引起石棉肺，且具有致癌性；含游离二氧化硅的粉尘可引起硅肺病，含游离二氧化硅70%以上的粉尘对人体危害更大。粉尘的粒径不同，对人体的危害也不同，2～10μm的粉尘对人体的危害最大。此外，荷电粉尘、溶解度小的粉尘、硬度大的粉尘、不规则形状的粉尘，对人体危害较大。高浓度硫化氢可作用颈动脉窦及主动脉化学感受器，引起反射性呼吸抑制，且直接作用于延髓的呼吸及血管中枢，使呼吸麻痹，造成“电击型”死亡。

（二）教授他们环保小贴士

蓝领是车间工人的主力军，他们的工作性质让他们饱受噪声困扰。对此，志愿者的最基本工作是向他们宣传噪声对身体的伤害，如何减轻或消除噪声？环保志愿者可从如下几个方面着手：

更新换代掉噪声大的机器，由此争取到无噪声的车间环境。如震耳欲聋的捶打被无声的液压代替，叮叮嘴喘的铆接改成了自动焊接；对于风机的叶片、传动的齿轮、各种喇叭等，也都改进设计，提高加工精度。

用新材料减轻噪声。对于机器噪声，一是在下面垫上弹性坐垫（隔振垫），能减少10分贝左右的震动噪声；给机器戴上隔音罩，罩的内表衬上松软的吸声材料，有明显的降低噪声效果。二是佩戴帽盔，可以减少对内耳的损伤，对头部又有防震和保护作用。还可利用吸声材料（玻璃棉、毛毡、泡沫塑料、软木、吸声砖和多孔陶瓷等多孔材料）或在气流通路上加装“消声器”，是减少排气噪声的有效手段。道路两侧可通过林带隔噪声。

对热力系统进行升级改造和综合利用，不断提高产品质量；通过对主能量设备上安装变频器来达到节省资源的目标，还能实现长期连续运行的作用。例如，造纸厂利用电机变频设备进行材料生产，还可以进一步降低电能的消耗，累积节能更是不可小觑。对以电为能源的大型设备进行有效应用，将用电设备代替用油设备，对倒推工艺、连续工艺以及半连续工艺有效应用，有效降低原油消耗、提升矿山经济，有效提升矿区空气。

中国人口中农民占据了多数，他们的农业种植方式与环境（特别是土壤）变化密切相关，如关于农药的使用。使用不同种类的农药，在自然环境中的分解情况是不同的。因此要向农民讲解有些农药对土地收成的影响；对于农药经营商，志愿者向他们科普禁用、停用污染土壤型农药的重要性，和农药在农副产品中允许残留量的标准。如汞制剂的赛力散、西力生，有机氯制剂的滴滴涕、六六六，有机磷农药一○五九、甲拌磷，砷制剂的砷酸铅等。

除了农民，伐木工人的作业方式也在一定程度上影响着当地的环境，志愿者要向伐木工传输“间伐”的重要性。“间伐”是指在一定的森林面积上分次砍伐全部的林木。一般在一个龄级期内进行2~4次采伐，并借助于上方母树的天然下种，实现“迹地更新”。四次式“间伐”被认为是一种典范的间伐，最能保证天然更新。“间伐”是一种不可缺少的管理措施。随着所植树木的逐渐长大，可以通过“间伐”，缓和相邻树木彼此之间的竞争，使留下的树木能舒展地生长。这种“间伐”根据需要，可能要进行好几次。

（三）教会他们利用法律维权

在一些特殊行业工作的劳动者可能会受到环境的恶劣影响，严重的可能会对身体健康形成长期的危害。志愿者要让工人知道恶劣的劳动环境未被改善可以要求企业赔偿或者关停。因为《劳动法》规定用人单位环境污染严重，对劳动者身心健康造成严重损害的会依法追究行政和刑事责任以及承担赔偿责任。

小贴士

防治土壤污染的常用方法

一、施用改良剂

向土壤中施加适当的化学物质，以降低重金属的活性，减少重金属向植物体内的迁移。常用的改良剂有石灰、碳酸钙和有机堆肥等。

二、客土法、换土法和水洗法

客土法是在被污染的土壤上覆盖非污染土壤；换土法是部分或全部挖除被污染土壤而换上非污染的土壤。这两种方法是治理重金属污染的有效方法。但此方法只适用于小面积严重污染的土壤。水洗法是采用清水灌溉稀释，以洗去金属离子，使重金属离子迁移至较深土层中，或者将含有重金属离子的水排出农田之外。

三、利用植物吸收去除重金属

选育与栽培对重金属有较强吸收能力的植物，以降低或消除土壤的重金属污染。如羊齿铁角蕨属的植物有较强吸收土壤重金属的能力，对土壤中镉的吸收率可达10%，连年栽种，可降低土壤含镉量。总之，在制定防治土壤污染的措施时，必须因地制宜，既要消除土壤环境的污染，又要注意避免引起其他环境问题。

第三节　不同地区的服务人群

※

针对不同的环境状况，志愿者的环保工作也要因地、因时制宜。处于不同环境状况中的人对于环保也有不同的领悟和重视度，所以对不同地区的人群要有相应的服务要点。

一、对重污染区人民的服务要点

利用其改善环境的迫切心理，教授其环保方式。当环境被破坏到影响人类的生产、生活时，人们对于志愿者的环保工作有一定的亲切感。这时志愿者的工作要点是“授人以鱼，不如授人以渔”，利用他们对改善环境的迫切心理教授他们环保的方式。一来是因为人民群众是历史的创造者，他们永远是最强大的群体，他们的力量是无穷的，让他们自己治理环境更加直接。二是因为环境污染的严重性，不是志愿者们一朝一夕就能改善的，要说服此地的居民长期坚持治理。具体的措施有：向他们科普如何高效改善环境，如经费充足可向他们派发相应物资，包括治理污染河流所需的净化品、减缓空气污染的空气净化器等。

中国的海洋污染比较严重，特别是中部、北部沿海地区。对于这种重污染地区要教导民众有针对性保护，塑料垃圾在海洋中逐步破碎，形成了大量直径小于5毫米的塑料颗粒，这种被科学家形象地称为“海洋中的PM2.5”的微塑料，近年来成为不容忽视的污染物。“现在海洋深处4500米生存的生物体也居然检测出微塑料。也就是说微塑料在海洋存在范围之广或许超出我们的想象。”2018年7月8日，国家海洋局局长王宏在生态文明贵阳国际论坛上说。呼吁有关各方结合自身实际，提高技术研发与设施投入，鼓励可降解塑料制品和塑料替代品的生产与使用，从源头上减少塑料垃圾。

二、对轻污染区人民的服务要点

轻污染地区是指主要因受到原有工业或垃圾处理活动的污染，而导致其潜力受到制约的土地。如城市发展促进城市扩张，造成本身是闲置和未充分利用的土地得到了有效利用，但也带来了一些污染的势头。

（一）展示重污染区的情况，警醒其要有敬畏心

当环境有被破坏的苗头即轻污染时，就需要环保志愿队伍的及时登场。对于这种轻污染区的环保工作，服务要点是要将污染行为扼杀在摇篮里。为了遏制住污染环境的行为，需要一些行政手段的支撑。如向他们灌输“谁开发，谁保护；谁污染，谁治理”的原则，插上警示的告示牌，让民众认识到环境被破坏的危害性。

（二）加大环保力度，防止污染进一步恶化

对于已经出现污染轻症的地区，要重视环保工作，因为要将污染的态势控制住，不加干涉将会往严重趋势发展甚至环境被彻底毁掉。从长远意义上来说，生态环境已成为实现全面建成小康社会的短板和瓶颈制约。志愿者深入实施大气、水、土壤污染防治行动计划，坚决打好大气、水、土壤污染防治三大战役，将三大行动计划的路线图落实为各地的施工图，推动环境质量持续改善。

三、对环境佳区人民的服务要点

（一）讲述环境被破坏的危害

中国传统文献《左传·襄公十一年》里说：“居安思危，思则有备，

有备无患。”被破坏了的环境要治理，未被破坏的环境也要保护好。在环境优美地区生活的人们，他们享受着蓝天、碧水，岁月静好，但这类地区也应是环保人员关注的区域。对这一类地区居民的环保服务要点是向他们传播保护已有良好环境的重要性，向他们展示被破坏环境的恶劣性。如通过图片展览被破坏的恶劣环境，激发居民的责任感。

（二）展望环境优美的益处

此外，环境良好地区也是候鸟的栖息地，对于珍稀物种的保护比生态环境的保护更为复杂，因为珍稀物种一旦灭绝就再也不会复存。为此，在珍稀物种迁移时，要加大保护力度。每年10月份，大量越冬的候鸟南迁。随着生态保护力度的加大，每年都有大量迁徙候鸟在野外停歇、补充能量。志愿者要严厉打击非法猎捕野生候鸟行为，有效保护候鸟资源。为了加强保护力度，志愿者可联合当地森林公安局，统一部署，及时组织开展秋季候鸟保护专项行动，确保过境候鸟和野生动物的安全。

四、对重点区域人民的服务要点

强调环保工作对此区域发展的重要作用。重点环境保护区主要是生态脆弱区或是有科研功能的地区，或是此地对环境有特殊要求的产业，如水产养殖对水质有一定的要求。对于这种地区的人群进行环保志愿服务时要加强他们的责任感与使命感，让他们觉得保护环境不仅仅是为了自身的生存着想，也是为了国家的科研事业。对于此，建议将该区域与环保政策导向相关的内容印制在生活物品中，发放给居民，让他们时刻意识到维持好现有环境的重大意义。如“某某地区已被列为国家遗产地”“某某地区成为生态文明示范区”等等。

重点环境保护区之所以是重点，很多都是因为其是珍稀物种的栖息地。为此，一是要建立野生动物保护救助站，与当地人民共同担负起保护候鸟等野生动物的职责，初步形成一个高效运行的候鸟保护网络体系。同时，在重要的水库、沼泽地带和野生动物重要停歇地、栖息地建立管护监测点，准确掌握候鸟迁入期、高峰期、迁出期及野生动物繁殖等情况，初步建立野生动物监测防控体系，使受伤的候鸟及野生动物第一时间得到救助。

重点环保区服务案例

根据广东省、广州市2010年渔业资源保护工作的部署和安排，广州市花都区委区政府于6月10日在区花东镇流溪河大堤举办花都区2010年休渔放生活动。团花都区委、区青年志愿者协会积极组织30多名环保志愿者参与此次休渔放生活动当中。在活动当天的开幕式上，首先由我区环保志愿者代表上台发言，在发言中倡议市民们保护生态，维护生态，开展绿色生活，共建生态环境，共创生态文明，为花都创建全国文明城市、为迎接亚运盛会的召开做出积极的贡献。开幕式结束后，开始鱼苗放生活动。在环保志愿者的帮助下，参加活动的省市区领导以及在场的市民们共同在流溪河放生3万多条鱼苗，在放生过程中，环保志愿者们热情地向人们介绍休渔放生的作用，并倡导大家积极保护生态环境，共同为改善水生生物资源环境做努力。活动结束后，环保志愿者代表更接受了广州电视台的采访，环保志愿者在采访中表示十分有幸能够到此次休渔放生活动，并希望通过此次活动广泛宣传环保意识，营造文明氛围，志愿者们更要起到模范带头作用，共为构建山“水田园花之都”而努力奋斗。

第四节　不同文化程度的服务人群

※

一个人的文化水平很大程度上决定了此人的思想，所以服务不同文化水平的人，环保志愿工作也要有充足的分析与思考。如对未接受过教育的人群就不能向他们讲授治理水污染中的化学知识，对于高知群体的环保科普就要上升到专业角度。

一、对文盲群体的服务要点

（一）以物质奖励诱惑其参加环保事业

尽管已是21世纪，但在农村地区，特别是偏远地区还有诸多老人是文盲。对于这一类人群的环保志愿服务工作要简单直接，当无法以文字形式向他们传输环保的意义时，就以行动方式激励他们。如现在满地丢弃的烟头是一大污染源，鼓励回收烟头并给予一定的物质奖励。

（二）强调环境被破坏的危害，唤起他们的警惕心

因为认识能力与理解能力有限，文盲群体对于环境被破坏的危害有迟钝之感，所以有必要适当突出危害，唤起他们的重视。比如用已灭绝的动植物、沙尘暴等灾害提升他们的重视度。

二、对识字群体的服务要点

这一类群体是中国人口的主力军，服务要点就是通过文字形式让他们认识到环保对于他们生活的意义。

（一）“环境忧患”意识教育

要有环境危机感，认识中国的环境保护形势的严峻性，树立为改善中国环境而斗争的艰巨性和长期性的心理准备，不要幻想某一天就能成功。

中国历史悠久，人口众多，由于人类活动给环境带来的破坏现象严重，环境忧患意识教育尤其重要。通过教育使“全面规划，合理布局，综合利用，化害为利，依靠群众，大家动手，保护环境，造福人民”的32字方针家喻户晓，深入人心，有力地推动我国环保事业的发展。

（二）环境基础知识教育

包括自然环境的构成，环境要素及由它们形成的复杂的生态系统，环境要素的相互依存和相互制约关系；环境破坏的原因、形成和对策；环境污染的根源；环境恢复的途径、措施和实施；环境保护和发展的协调等方面的知识。

（三）环境道德学教育

认识人类是生态系统的组成部分，又是一种对生态系统有巨大影响的群体；使人们意识到对自然和环境的不道德，实际上也是对他人和社会的不道德，人类必须以道德的责任为维护生态平衡而约束自己的行为，要充分认识“保护环境人人有责”的现实意义；不能只考虑局部利益，而要树立保护全球环境的观念，建立环境道德规范。

（四）开展开源节流的教育

使人们学会自觉地抑制过度消费的不可持续发展生活模式，学会为子孙后代着想。

（五）加强环境法制教育

提高执行环境保护法律法规的自觉性。学好、用好环境保护法规 。

环保宣传案例

“环保影片社区巡展”结合了环保与志愿者这两个元素，以环保电影这种新鲜的宣传方式，针对社区居民进行环保宣传，培养环保意识及行为。

步骤：

1.大学生志愿者成立环保影片巡展行动小组。

2.小组制订详细的社区宣传计划，包括活动内容与详细流程。

3.小组与社区居委会取得联系，通过电话介绍项目情况，确认参与。

4.记录口头确认的社区名单，将意向书发至各社区居委会联系人邮箱。

5.各社区居委会将意向书下载、打印、签字后，将意向书以信件方式邮寄至小组规定地址，以便存档备案。

6.小组收到意向书后，每月将影片送至各社区。

7.各社区自行安排解决观影场地、展映前宣传或通知等相关工作。

8.展映当天，小组到现场协调放映等事宜，帮助居委会顺利完成电影播放。

9.各社区需做好登记工作，以便向项目组反馈真实数据信息。

三、对高知群体的服务要点

社会上层人士看似居高楼之阁，对于外界自然环境没有太多直接接触，但实际上他们也可在忙碌的工作与生活中为环保做贡献。他们的良好涵养与对于知识的快速接受度，决定了对他们的环保服务工作要点是用一些专业术语让他们切实认识到环保对于健康生活、全球生态的重要意义。如现在一直繁荣的外卖行业所产生的一次性餐盒污染，减少外卖的数量不太现实，毕竟他们已经对这种生活方式习以为常了。现今市面上的一次性餐盒并不是全都符合国家标准，长期使用不合格的餐盒会对身体带来不良影响，所以自备饭盒或许才应该成为解决之道。高知群体的知识储备丰富，可向他们讲述一次性餐盒中成分超标，长期摄入那些物质对于身体的变化。

生活中经常可见污水，其中如果含有药品、重金属，则处理起来比较困难，并且对净化后的水再利用也有各种各样的限制。尽管很是麻烦，也要向高知群体讲解污水三类处理方式。第一类是化学实验中使用的含有汞、铬、氯等药品的污水类，分别回收，分别处理；第二类是从实验室中排出的洗涤水，进行预处理后，可排入土壤覆盖式接触曝气处理设施中；第三类是从研究楼、事务楼、学生宿舍、教职员宿舍等排出的污染废水及厕所污水，不经预处理，直接排入土壤覆盖式接触曝气处理设施中。

不可否认的是，一些高知群体就职于尖端科技行业，如核工业、医学放射科，这种领域的放射性污染使得工作人员必须掌握专业防护知识。核能工业的中心问题是核燃料的生产、使用与回收，核燃料循环的各个阶段均会产生“三废”，排出含有裂变产物，如铀、镭、钚、氡等放射性物质，都是放射性污染源。由于每一环节排放的放射性污染物种类、数量不同，对周围环境造成的污染程度也不同。医用放射性在现代医学上得到广泛应用，如X射线用于胸透，钴-60用于放射性治疗癌症等。实验室某些用于分析、测试的设备也使用了放射性物质。

环保技术案例

大学教授徐祖顺研发出环保化肥，目前已投入批量生产，将在国内推广使用。“我们用天然高分子材料给化肥表面包一层膜，就像给它穿了一件绿色环保的衣服。”这些“穿衣”的化肥被称为缓控释肥，就是在肥料表层包一层膜，使肥料养分的释放速度变缓，让作物吸收充分，以提高化肥利用率。

传统的化肥撒入土壤后流失得快，作物吸收不充分，肥料利用率低，而且流失到水体，土壤和空气中会造成各种污染。国内目前使用的缓控释肥包膜材料，虽然会让养分缓慢释放，但却无法实现自动分解腐化，这就造成了缓控释肥的二次污染。

被称为“21世纪的肥料”的缓控释肥是化肥中的极品，而目前在中国肥料市场的使用率仅占1%，主要原因是价格太高，国内绝大多数农民用不起。该教授的课题组通过选用一些来源广泛、价格低廉的天然高分子（从土豆中提取淀粉作为制作包膜）及其衍生物为主要原材料，开发出用于制作包膜的天然高分子材料。用课题组研发成功的包膜材料做的缓控释肥，每吨价格只高出普通化肥1/10左右。该项研究成果目前已申请专利并获受理。

小贴士

防护工作的要求

人体受到的照射量由三个因素决定，即照射时间、辐射源的距离和途径的屏蔽，因而防护工作就从这些方面考虑。

一、时间防护

人体受照射的时间越长，累积的剂量就越多，这就要求所有接触放射性的人员操作熟练、准确、敏捷，尽可能缩短操作时间。

二、距离防护

人距离辐射源越近，受照量越大。所以进行放射性操作时，常用长柄钳、机械手或远距离的自动控制装置。

三、屏蔽防护

根据射线通过物质时被减弱的原理，在放射源和人体之间放置如有机玻璃、钢、铅、水泥等作屏蔽材料，以削弱放射性的作用。屏蔽材料的选择和厚度要由射线的类型和能量来决定。

四、加强日常生活中的防范意识

不要以为远离了核试验、核工业区，就可以掉以轻心。放射性污染可能就在你身边。

第六章

环保志愿服务的内容

对于志愿者们来说，从事环保服务工作要做的事情很多。他们要向群众科普保护环境的重要性，有了人民大众的配合，他们的志愿服务工作才能更加顺利进行。作为环保的专业人士，他们要亲力亲为保护现有净土，也要减缓已被破坏环境的退化率。环保活动是一个上至党中央、下至民间百姓都关注的话题。因环境概念的宽泛性和生态环境的脆弱性，志愿者们的工作不仅是保护，还要阻断破坏行为。保护环境也不仅仅是志愿者的工作，更是人类共同体的使命，要将这一重大议题的实施下放到民间，让全体百姓都参与进来才能实现预期目标。

第一节　环保宣传志愿服务

※

环保宣传作为提高全民环保意识的有效途径，从20世纪70年代起一直受到我国政府部门的高度重视。“事必躬亲”，作为环保运动的发起者，志愿者要将这场运动的精神、理念与思想落实到具体的实践中。作为这场运动的组织者，志愿者要齐心协力，有纪律、有计划、有信心地将每一项任务推动下去。作为这场运动的实践者，志愿者必须以身作则，发挥模范带头人的作用，不嫌脏、不嫌累、不嫌苦，撸起袖子、抄起工具将环保工作进行到底。

一、宣传保护环境的重要性

“授人以鱼不如授人以渔”，志愿者毕竟只是芸芸众生中的个体，他们的力量是有限的。这就决定了若要实现环保效果的最大化，他们要发动自己的呼吁力量，动员全社会参与环境保护的工作中来。如何才能发挥人的主观能动性？向人类描绘美好环境对于打造健康生活的重大作用，对于可持续发展的重要意义，对于农、工、商各领域发展的非凡影响等等。为了唤醒民众保护环境的积极性，也为了增强他们的责任心与使命感，有必要向他们普及保护环境的重要性。“靠山吃山先要养山，靠水吃水定要护水”，让他们看到优美环境的好处，周围的居民只有认识到优美的环境对于他们健康生活的重要意义，他们才会有保护的动力。

（一）良好生态环境是最普惠的民生福祉

中国特色社会主义进入新时代，我国社会的主要矛盾已经转化为人民日益增长的美好生活需求与不平衡、不充分的发展之间的矛盾。经过40年的改革开放，我国经济建设取得巨大发展成就，人民群众的幸福感和获得感得到大幅提升，总体幸福指数也得到大幅提升。但生态环境等问题也开始凸显，人民群众从注重“温饱”逐渐转变为更注重“环保”，从“求生存”到“求生态”。生态环境问题已经成为全面建成小康社会的突出短板，扭转环境恶化、提高环境质量是广大人民群众的热切期盼。

正是在这样的形势下，习近平总书记提出，良好生态环境是最公平的公共产品，是最普惠的民生福祉。环境就是民生，青山就是美丽，蓝天也是幸福。这实际上是强调要从民生改善与人民福祉的角度去改善生态环境。可以说，生态环境质量直接决定着民生质量，改善生态环境就是改善民生，破坏生态环境就是破坏民生。必须让人民群众在良好的生态环境中生产生活，让良好生态环境成为人民群众生活质量的增长点。改善生态环境，建设生态文明，突出体现了以人民为中心的发展思想。习近平总书记关于社会主义生态文明建设的一系列重要论述，立意高远，内涵丰富，指明了生态环境的重要属性和地位。在生态环境保护任重道远的今天，深刻认识良好生态环境的重要性，对于坚决打好污染防治攻坚战，推动生态文明建设迈上新台阶，具有重要意义。

环保早教活动案例

志愿者在社区中发布环保早教活动的信息，以智力开发的早教课程、塑造集体意识的带玩游戏、制作手工艺品的手工活动为辅，穿插着用投影仪向小朋友播放优美环境的图片。

在播放的同时向儿童讲解古诗中的优美环境，让他们对优美环境产生向往之情。如杜甫的《曲江二首》中“穿花蛱蝶深深见，点水蜻蜓款款飞”，王维的《积雨辋川庄作》中“漠漠水田飞白鹭，阴阴夏木啭黄鹂”，王维的《山居秋暝》中“明月松间照，清泉石上流”。给儿童讲述古诗的同时展示给他们古诗中的优美环境，让他们心向往之，从而有保护环境的意识。需要说明的是，这种科普方式必须带上投影仪给他们展示古诗中所描述的画面，视觉呈现更为直接，印象更为深刻。

（二）良好生态环境是人类生存与健康的基础

人类生存依赖于自然环境，自然环境优劣直接影响人体状况。20世纪60年代，英国地球化学家哈密尔顿研究发现，人体组织中的元素含量曲线与地壳中元素丰度曲线具有惊人的相似性。地质环境中的微量元素通过土壤—水—植物—食物进入人体，若维持人体正常发育所需的微量元素供应不足或过剩，都会影响人体的正常生长发育及代谢。时间长了，就会患地方病。人因自然而生，人与自然是生命共同体，人类对大自然的伤害最终会伤及人类自身。生态环境没有替代品，用之不觉，失之难存。在人类发展史上特别是工业化进程中，曾发生过大量破坏自然资源和生态环境的事件，酿成惨痛教训。党的十八大以来，习近平总书记反复强调生态环境保护和生态文明建设，强调“要把生态环境保护放在更加突出位置，像保护眼睛一样保护生态环境，像对待生命一样对待生态环境”，就是因为生态环境是人类生存最为基础的条件，是我国持续发展最为重要的基础。

生态环境还是人类文明存在和发展的基础。历史上的文明古国都发源于生态环境良好的地区，但因为生态环境遭到破坏导致文明衰落的例子比比皆是。习近平总书记指出：“历史地看，生态兴则文明兴，生态衰则文明衰。”这实际上是道出了生态环境状况与文明发展兴衰的直接关系。所以说，生态环境保护是功在当代、利在千秋的事业，建设生态文明是中华民族永续发展的千年大计。志愿者可举办保护环境课堂进小学活动：

树立环保理念案例

在小学的课本上经常可见母亲河——黄河的身影，志愿者可抓住这点向学生讲述母亲河的精神熏陶作用。

河流被称为大地的动脉，河流滋润着大地、哺育着人民，成为人类文明发展的摇篮。志愿者展览原生态的母亲河照片，讲述古代黄河在军事、政治、经济上的重要作用。黄河流经的区域都很重要，饲养战马的河套地区，中原的河南、陕西、山西等省份，特别是占领了河套地区意味着拥有战马，可以很好地制衡游牧民族，稳定民心。黄河中游的中原，历来是中国的重地，自古就有得中原者得天下的传统。如果黄河平静，经济发展，民怨就少；如果黄河决堤，那么就会多出数千万的灾民。由此让学生感悟到母亲河不仅孕育生命，滋养一方水土，而且也会催生文明，是中华儿女的精神文化家园。

志愿者引申出保护母亲河要树立环保理念，自觉关心生态环境，养成良好的节约用水习惯，不做污染河流的事。要把保护每一段河流当作我们的责任，自觉投身生态建设，积极参加植树种草、清除白色垃圾、治理水土流失等环保公益活动。比如把在河边春游时丢弃的饮料瓶、果皮、糖果纸、餐巾纸、烟蒂、风筝、烟花爆竹等垃圾随身带走。

公益的本质在于唤醒，唤起每个人心中对母亲河的保护。学生们意识到了母亲河的伟大，才会发自内心地去了解她、珍惜她、保护她，同时也带动身边的朋友和家人，珍惜水资源、保护水资源，成为保护母亲河的先锋队员和志愿者，让母亲河越来越绚丽多姿。

（三）良好生态环境是展现我国良好形象的发力点

保护生态环境，是全球面临的共同挑战。习近平总书记提出：“国际社会应该携手同行，共谋全球生态文明建设之路，牢固树立尊重自然、顺应自然、保护自然的意识，坚持走绿色、低碳、循环、可持续发展之路。在这方面，中国责无旁贷，将继续作出自己的贡献。”党的十八大以来，我国生态文明建设成效显著，引导应对气候变化国际合作，成为全球生态文明建设的重要参与者、贡献者、引领者。良好生态环境也成为展现我国良好形象的发力点。按照党的十九大报告的部署，坚持人与自然和谐共生，坚定走生产发展、生活富裕、生态良好的文明发展道路，建设美丽中国，既能为人民创造良好生产生活环境，也能为全球生态安全做出贡献。

（四）良好生态环境是“生产力”和“金山银山”

生态环境与生产力直接相关。生产力是人类改造自然的能力，由劳动资料、劳动对象、劳动者三个基本要素构成。自然界中的生态环境是劳动对象和劳动资料的基础和材料，因此是生产力直接的“构成要件”。习近平总书记指出，“纵观世界发展史，保护生态环境就是保护生产力，改善生态环境就是发展生产力”，“绿水青山就是金山银山”。只要保护好了生态环境，就可以发展生态产业、绿色产业，实现经济价值，变成真金白银。在具体的做法上可参考以下事例：

城市生态文明建设案例

国家森林城市是一座城市生态文明建设的最高荣誉，也是目前我国对城市生态建设成就的最高评价。2016年，北京市延庆区委区政府就已做出了“创建国家森林城市”的重大决定，按全市“创森”推进会部署，2019年完成“创森”目标。当时，区委区政府高度重视“创森”工作，成立了“创森”工作领导小组，制发了工作方案；编制了《北京市延庆区国家森林城市建设总体规划》，并对照《国家森林城市评价指标》要求明确了工作方向。延庆区国家森林城市建设遵循“近自然、原生态、大尺度、高品质”的原则，秉持“京畿夏都宜居地，长城脚下森林城”的建设理念和“一城、一环、三带、五廊、九园、多点”的空间布局，突出首都生态涵养区的生态功能特点和打造首都生态文明建设“金名片”的目标定位，围绕森林生态体系、生态文化体系、森林支撑体系、森林产业体系、生态休闲服务体系五大工程体系展开，着力打造中心区、重点镇、一般镇和乡村四级宜居、宜业的人居环境，最终形成“青山环绕、森林拥抱、林城相依、林水相融、林园相映、林路相连、林居相嵌”的森林生态格局，实现“全国森林城市建设示范城市”的建设目标。

另外，对于掀起的植树活动，志愿者为每一棵树捆绑上自己的“身份证”——印有二维码的金属板。二维码由统一的大数据系统管理，通过扫描树木“身份证”上的二维码信息，苗木的栽种者、树种、位置、土球尺寸、苗木胸径等信息都会出来。植树的志愿者或是民众记下自己栽植的编号，后期可以一直参与到它们的长期义务维护管养中来，这样不光激发了民众的工作积极性，也保证树苗的后期生长可以照看。

二、宣传保护环境的手段

环境保护是指人类为解决现实的或潜在的环境问题，协调人类与环境的关系，保障经济社会的持续发展而采取的各种行动的总称。其方法和手段有工程技术的、行政管理的，也有法律的、经济的、宣传教育的等。环境保护有以下一些手段：

（一）法律手段

要实现人与自然和谐相处就必须加强环境保护，环境保护的一个重要手段是执法。由国家制定或认可并由国家强制力保证实施，调整人们在开发、利用、保护和改善环境资源活动中所产生的各种社会关系。法律能保护环保类志愿组织工作机制的顺利创建，更实际地保证环保类志愿组织及志愿者权益不受侵害。因此要加强法律的落实和相关法规的制定，以立法的手段来做好环保工作。加大对污染环境行为的处罚，并支持民间环保组织的建设与发展，倾听它们的建议，接受它们的监督。

环境保护的法律手段案例

2021年7月，陕西省检察院召开秦岭生态环境保护检察监督工作发布会，发布《陕西省人民检察院关于充分发挥检察职能依法保护秦岭生态环境专项活动的工作方案》。鼓励公众通过“12309”检察服务中心举报破坏秦岭生态环境违法行为。从2021年7月到2022年6月，陕西省检察院开展为期一年的秦岭生态环境保护专项活动。

2018年至2021年7月，全省检察机关共批准逮捕破坏秦岭环境资源犯罪案件221件349人，起诉456件688人，提出书面纠正违法122件。受理涉秦岭生态环境保护民事行政案件278件，提出检察建议237件，实质性化解行政争议35件。摸排涉秦岭生态环境保护公益诉讼案件线索2791件，立案2675件，提出检察建议2542件，起诉141件。

（二）经济手段

经济手段是以自然环境资源价值理论为基础，采用征收税费、押金、拨款和创造市场等方法，将自然资源开发的外部不经济性内化到开发活动中，通过市场和价格机制促使企业节约资源、保护环境。经济手段与行政手段的区别是它注重效率。我国目前采用的经济手段主要是：税务、资源产业管理、土地管理和环境保护等部门征收的税费。运用经济手段保护环境原则，是指在环境立法中除规定必要的行政手段外，应更多地运用经济手段，防治环境污染和破坏，促进生态建设和环境保护。运用经济手段保护环境原则已为越来越多的国家环境立法所采用。

在经济建设中，大力建设环境友好型经济，走新型工业化道路，坚持科学发展；建立可持续发展经济、循环经济等经济模式，开发清洁能源，建设生态文明。政府对于申办企业的审查中必须有环境影响评价，坚决从源头遏制高污染、高能耗、高排放企业的落户。鼓励和扶持企业回收利用废旧物资，扶持和发展废物回收再加工的企业。生产中的企业，没有达到环保法规要求的，坚决关闭，依法严惩。尤其是那些肆意排放污水、毒气的生产企业，往往对周边的土地、环境造成了毁灭性的破坏，也对周边居民造成了极大的身体和精神伤害。限制企业过度使用不环保的化工材料包装产品，产生新的垃圾污染。鼓励使用自然清洁能源如风力发电、水力发电、太阳能发电。

小贴士

保护环境的宣传方式

一、通过墙面上绘制标语、街道旁撑起横幅的方式，宣传破坏环境的代价

这类方式的优点是成本小、信息存在持久，宣传标语的文案设计要简短但信息要齐全，关键是要体现法律的权威。

二、通过展板上印制照片的方式，展示破坏环境被处罚的案例

这种方式的优点是可流动受众范围广，且直接展示破坏环境的法律后果，能起到威慑作用，浇灭心存侥幸者。需要注意的是印制判决案例时要将被处罚人的关键信息打码，虽是违法人员但他们也有自己的隐私权。

三、在关键地区加强“破坏环境要负法律代价”的宣传

如没有垃圾转运车的村庄，一般处于偏僻地区。村民自治也没有完美的垃圾处理方案，他们一般将垃圾随手扔在河流中、树林中。所以志愿者们不应忽略这类地区，向他们普及法律常识的基础上并向村委会申请建立垃圾站并向上层政府建议派送垃圾转运车。

四、在关键时期加强“破坏环境要负法律代价”的宣传

如6月的农忙季是农村空气被污染的高发期，因为燃烧秸秆屡禁不止。这一阶段应是志愿者们的工作繁忙期，他们要与农民在“保护环境”与“省时省力”之间斡旋、做思想斗争。志愿者们要对农忙时的农民加大宣传力度，维持好清新的空气。

三、宣传环境被破坏的危害性

在让群众认识到优美环境的重要性后，也要让他们知道生态环境很脆弱，一旦被破坏就很难恢复，这样就失去了维护人类健康的功能。环境的结构和功能遭到破坏，物质和能量输出输入不能平衡，就会造成系统成分缺损（如生物多样性减少等），结构变化（如动物种群的突增或突减、食物链的改变等），能量流动受阻，物质循环中断等等。为了让民众充分认识到保护环境的重要性，要向他们传播环境破坏对地球生态系统的维系、对人类生活、对工农业生产的害处。

志愿者要向群众真实传达环境现状和问题，使人们认识人类自身的危机。要把当前全球性环境状况和出现的各种严重的环境问题如实地、不断地传达给人们，引起人们的警觉。今天全世界出现的恶劣环境形势，大气与水体的严重污染已经发展成跨地区、跨国家的甚至全球性的灾难；资源的匮乏严重地阻碍了世界经济的发展；土地的沙漠化、森林的锐减、物种的消失使人类面临着重大的环境问题。通过众多客观现实的宣传，使人们认清自身面临的危机，提醒人们关心环境、节制自己的行为，承担起保护环境的责任。

（一）环境破坏对生态系统的影响

随着全球化经济的快速发展，大型工程的开发建设，自然资源的过度开发，对人类生活的环境带来了大气污染、噪声污染和水质污染等一系列的生态环境破坏。目前全球有两千万公顷茂密的森林消失，有六百万公顷土地沙漠化日益严重，平均每一小时就会有一个物种灭绝。全球因臭氧层的破坏，产生温室效应，每年地球气温都在升高，造成南、北两极冰雪融化，致使世界各地的海洋平面逐渐升高，很多岛屿被海水吞没。据说世界著名的观光旅游度假胜地马尔代夫群岛，在不久的将来也会消失。乱砍滥伐树木造成河流水量减少、旱涝危害增大、水土流失加剧、大量浪费水资源，工业企业燃烧和生产工艺过程中排放各种废气。

（二）环境破坏对人类生活的影响

环境遭到污染和破坏，会对人类免疫系统造成损害，使得免疫机制减退；对人类健康危害严重，可引发甚至加剧眼部疾病、皮肤癌、传染病。多数大城市里的空气含有许多取暖、运输和工厂生产带来的污染物。这些污染物威胁着数千万市民的健康，导致许多人失去了生命。气候变化和能源浪费造成的温室效应严重威胁着整个人类。

地方病多发生在经济不发达，同外地物资交流少以及卫生保健条件不良的地区（广大农村、山区、牧区等偏僻地区），病区呈灶状分布。发生在某一特定地区，有一定的流行年代，同一定自然环境密切关联的疾病称为地方病。地方病分为化学性地方病和生物性地方病。化学性地方病又称“地球化学性疾病”。人体从环境摄入的元素量超出或低于人体所能适应的变动范围，就会患化学性地方病。如一个地区的碘元素分布异常，可引起地方性甲状腺肿或地方性克汀病；某种元素分布过多，可引起地方性氟中毒、地方性砷中毒、地方性硒中毒、地方性钼中毒等。生物性地方病是在某些特异的地区，由于某些致病生物或某些疾病媒介生物繁殖而造成的。如一些人烟稀少的草原和荒漠地区，存在着野鼠鼠疫的自然疫源地。人进入疫区，就有可能患病。

（三）环境破坏对工业生产的影响

首先，环境污染会直接影响工业发展的所需投资，制约工业的发展速度。因为要减少“温室效应”和酸雨对环境的危害，就必须减少非再生能源和有毒化学物品的使用，扩大森林种植面积，减少大气中二氧化碳的排放量，并以再生性能源和无毒化学物品取而代之。但是，代用能源的开发和研究需要占用大量资金，减少现存的环境污染也需占用大量资金，必然会影响到工业生产自身发展的所需资金，影响到工业的发展速度。其次，生态环境与工业发展的矛盾将更加突出。随着污染源和污染量的增加，要求高净度的空气和水的工业产品将变得越来越困难。要保证产品质量，政府就必须制定更加严格的环境保护条例，如除尘、净化消声设备、毒气和毒物的排放标准将变得更高。企业要“达标”，就需付出更大的防污费用，这会加大产品的成本费用，影响企业的利润和生产。

（四）环境破坏对农业生产的影响

减慢农作物的生长速度，降低农作物的质量和产量，甚至会造成绝收；50%以上的陆生植物，如土豆、瓜类、番茄、甜菜等，产量会急剧下降；森林草地衰退，危及生态平衡和生物多样性。对水生生态系统产生影响，使浮游生物受到危害，导致海洋食物链中基础食物数量减少，使生活在浅水里的鱼类和贝类很难生存，减少海洋生物数量，大量鱼类死亡，同时可能导致生物物种变异。在非洲、亚洲和拉丁美洲，由于森林植被的消失、耕地的过分开发和牧场的过度放牧，土壤剥蚀情况十分严重。裸露的土地变得脆弱，无法长期抵御风雨的剥蚀。在有些地方，土壤的年流失量可达每公顷100吨。

四、宣传破坏环境的法律代价

志愿者要重视开展环境日、环境月活动，这种专门的节日对于老百姓来说更有保护环境的氛围。通过开展“环境日”活动，宣传各种环境污染防治措施和方法，整治和保护环境的途径，鼓励全国人民行动起来，为保护地球环境做出贡献。从2008年起，中国国家海洋局将每年的7月18日定为“全国海洋宣传日”，以促进全社会关注海洋、善待海洋。志愿者可组建一支绿色小队，在中小学的班级中开展一次“与大海的约会”海洋宣传主题活动，也可以在全校范围内举办一次“海洋知识竞赛”活动，为提高全民海洋意识献一份力。

在环境被破坏严重、污染事件多发的背景下，2015年中央“一号文件”指出，要建立健全农业生态保护责任制，加强问责监管，依法严肃查处各种破坏生态环境的行为。这一要求，增强了公众对遏制环境违法的信心。建立健全农业生态保护责任制，倒逼相关部门承担起应有责任，加强对违法排污企业的监管，是减少生态环境破坏的重要一环。树立法制观念，能够用《环境保护法》维护自身的环境权利，自觉地同违反《环境保护法》、破坏和污染环境的行为做斗争。为了将国家的环境破坏处罚精神传达给群众，也为了震慑一些人的“打擦边球”心理，志愿者要将“破坏环境是要付出法律代价”的这一后果宣传到位。

破坏环境的法律代价案例

2016年7月至8月期间，为谋取非法利益，彭某权、冯某林、何某生、何某森四人共谋分三次将1200立方米的废弃胶纸（其中含纸屑、碎布和碎塑料等）运至中山市沿海围垦处（海滩上建造圈筑的堤坝），被行政执法人员当场查获，经鉴定，所倾倒的废弃胶纸为含镉等有毒有害物质的混合废弃物，对土壤周边地表水和周围海域造成极大的环境污染。

根据《广东省海洋生态红线图件、登记表》，本案倾倒垃圾的堤围及其周边海域属于重要河口生态系统，禁止排放有害有毒物。倾倒的垃圾对土壤和周边的地表水都造成了严重的污染，也给渔业造成重大损失，同时通过生物富集作用，给人体健康带来极大的隐患。中山市第一人民法院做出刑事判决，判定他们四人三年有余的有期徒刑，并处以罚金，连带赔偿因环境污染产生的各项经济损失。

第二节　城市美化志愿服务

※

相比治理已污染环境，维护未污染环境的成本要小得多，因此维持现有优美环境也是志愿者们不可忽视的一大环节。在平时的生活中经常可见身着红马甲的志愿者队伍穿梭于污染区，他们手持各类工具将垃圾捡拾并分类投放，他们直接用自己的双手维护环境的清洁。志愿者们的城市美化环境方式主要有以下几种：

一、生态环境美化服务

城市生态系统问题主要有对自然环境的破坏、气候变化和大气污染、水污染等。作为一个发展中国家，我国的生态系统问题又有自身的特点，如人口高度密集所带来的水资源短缺，资源相对不足，维系生态系统的绿地不足，废弃物资源化程度不高所带来的种种污染等。志愿者的工作主要有如下几个方面：

（一）建立市区与郊区复合生态系统

为增强城市生态系统的自律性和协调机制，必须将市区和郊区看作一个完整的复合生态系统，对系统的运行做统一调控。发展城市生态农业就是其中一个途径，因为不但能提高农业资源的利用率，降低生产的物质与能量消耗，还能净化或重复利用市区的工业、生活废弃物，并为城市居民提供更多的生物产品。因此，加强城市生态农业建设是市区—郊区复合生态系统完善结构和强化功能的重要途径。如建设生态农庄，集赏花、垂钓、餐饮、采摘、健身等设施和活动于一体的生态农业模式，利用当地独特的自然和特色农业的优势，按照科学的方法进行组合设计而形成的具有生产、休闲、娱乐多种功能的经营性农业产业。志愿者要对相关创业者进行如下的技术要点培训：

小贴士

发展城市生态农业

一、指导思想

融农业生产、生态、休闲、教育、示范多功能于一体，集中展示新奇特农业技术，注重体现生态环保和绿色循环的理念。

二、栽培方式

锯末代替土壤基质，因锯末质轻价廉，含有供植物生长和发育的微量元素，最重要的是循环利用符合环保理念。

三、物资供应

以循环利用为主。如鱼菜共生系统，蔬菜种植在鱼缸管道上，鱼的代谢物在水中被微生物分解之后，可循环供给蔬菜所需的养分，而蔬菜的分解物也可以供给下边的鱼使用。再如茶园生态养鸡系统，重在营建茶树—鸡食茶园虫草—鸡粪肥园养树滋草—树荫为鸡避雨挡风遮日的生态链，保持茶园良好的生态环境，生产无公害禽产品和有机茶。利用茶园进行生态养殖，生产优质无公害肉鸡，鸡粪作为茶园肥料，鸡在茶园捕食虫，生态效益显著，发展前景广阔。

（二）保护城市生物

除人类以外的生物有机体大量地、迅速地从城市环境中减少、退缩以至消亡，是城市生态恶化的重要原因与结果，各类生物尤其是绿色植物在城市生态环境中担负着重要的还原功能，城市绿化程度以及人均绿地面积是体现城市生态建设水平的重要指标。实施城市生物保护应制定科学合理的规划，其内容包括：城市绿地系统规划，国家森林公园及自然保护区规划，珍稀及濒临灭绝动物保护规划等。

（三）合理利用水资源

防止地面沉降首先是严格地控制地下水的使用。其一是对地下水的使用加强管理，做到计划用水、限制用水、合理用水、节约用水，严防滥用地下水。其二是对地下深井的开凿要予以控制，做到有计划，并且合理布局，杜绝盲目开凿大量深井。其次，要广辟水源，尽量充分利用地面水源。如兴修水利工程，积蓄雨水，防止河水流失等。第三，有计划地开展清水回灌。所谓回灌，利用深井把清水送回地下松软的含水土层，补充已开采出来的地下水。回灌用水必须清洁、不含有害物质。如果回灌污水，尤其是含毒的工业废水，等于直接污染了地下水源和地下含水的松软土层。回灌工作要有计划地进行，并且长期坚持，才能显见成效。

（四）节能减排

人们都把注意力集中到企事业单位的“节能减排”工作中，却忽略了我们身边的“节能减排”工作。当然企事业单位是耗能大户，“节能减排”成效明显，然而我们把身边的“节能减排”工作做好，那么，全民动员起来，可是一项非常可观的成效，同时这也可以养成节能减排的好习惯，更是一笔可观的精神财富。

小贴士

日常节能措施

电灯节电：屋子里没人的时候要把电灯关掉。

电视电脑节电：若在半小时内没有人看电视或使用电脑等设备，要把它们关掉。

烤箱节电：烤面包片时，一次要烤两片，而不要先烤一片，一分钟后再烤另一片。

电冰箱节电：在每次打开冰箱门之前，先想好你要拿什么东西。然后打开冰箱门，迅速拿出你要的东西，随手关门。电冰箱内存放的食物量不能太多也不能太少，一般占容积的70%~80%为宜，放得太多或太少都费电。食物之间、食物与箱体间要留一定的间隙（一个手指大小间隙）。另外，可用容器在冷冻室冻一些大冰块，放在冷藏室内，这样可延长冰箱的停机时间，减少开机的时间。

空调节电：空调机启动瞬间电流很大，频繁开关相当费电，还易损坏压缩机。将风扇放置在空调下边，空调开几个小时后关闭，马上开启风扇，这样能提高室内的制冷效果。另外，将空调设置在除湿模式工作，此时即使室温稍高也能令人感觉凉爽且比制冷模式省电。再者不要把室内温度调得太低，一般在27℃~20℃较为适宜，调得太低浪费电。

洗衣机节电：洗衣机在工作时最好用强档，因为弱档电动机启动频繁，所以强档省电，且延长洗衣机寿命。另外，放水量也适中，不要放得太多，衣物也不能过载，否则很费电。洗衣机的转速为168转/分，脱水一分钟计算脱水率55%，一般脱水不超过3分钟，再延长脱水时间没有意义。

微波炉节电：每次加热和烹调的食品以不超过0.5千克为宜，最好切成小块，量多时可分时加热，中间搅拌几次，尽可能用“高火”。对解冻食品的加热，最好提前从冷冻室取出放在冷藏室，让它慢慢解冻，充分利用冷冻食品的“冷能”，这样可减少微波炉的开关次数。

电动车节电：骑行一段时间后都要充电，最好多用助力，不用助力也要慢慢给电启动，到一定速度后再加电使其达到所需速度。不要频繁开停，这样电机电流会频繁变化，每当开启电机时电流很大，费电。另外，车上坡时最好用助力，不开强档，因为开强档电机功率加大，电流也大，使电机耗电大增，这样也易损坏电机。

燃气的节约：节约燃气的灶具很多，比如“聚火节能灶”“余热利用热水器”等都是很好的节燃气灶具。用大火烹调食物，可减少烹调时间，减少热能损失，但也不能等火焰溢出锅底，以免浪费燃气。另外，在用锅烹调食物之前把锅里水擦干，以免费火。再有就是在煮食物时，要掌握“宁煮不蒸”的原则，因为蒸食物太浪费火。

节约用水：一水多用，如淘米水洗菜洗碗最后浇花，既减少了废水的排放又使花儿得到肥料。再有洗衣的水可以洗抹布、涮墩布、擦地最后冲厕所。对于酒店来说，安装节水淋浴喷头、低流量水龙头和节水马桶是标配，安装太阳能而不是热水器，使用不需要洗涤剂的洗衣设备。回收的汽车轮胎材料制成室内装饰物，供暖系统由天然气提供。

二、社区环境美化服务

因社区是居民的集中生活地，所以环境的好坏直接影响到居民的生活质量。此处的社区环境是指社区整体所呈现的宏观性的面貌，因整个社区的设计与布局所构成的舒适协调而带给居民心情上的愉悦。一个社区的外在景观环境更是城市景观形象的重要元素，影响到城市环境的美化，是城市环境美化的基础。志愿者对于社区环境的整治主要有以下几点：

（一）建设绿化带

社区绿化除了一般绿化的意义之外，担负着社区绿化造景、分割空间、营造优美环境等任务，还有补充空气中的氧气、吸收大气中的有害气体、防止二次扬尘、防风减噪、改善微型气候的作用。利用高大的乔木和较低的灌木以及草坪等创造三个不同高度层次的植物景观，是植物造景过程中最常用的手法。另外，还可以根据植物花期的时间，让社区内不同季节呈现出完全不同的植物景观效果。如天津花期超长的月季花，几乎在春、夏、秋三个季节都能看到。

树种选择是造林成败的关键之一。任何树种都具有一定的生物学特性，要求一定的生态条件。首先，应考虑造林树种的生物、生态学特性及其对环境条件的要求，同时考虑经济建设、人民生产及生活对环境条件的要求。两者兼顾，不能顾此失彼，更不能只顾经济忽视生态。树种搭配不但有经济方面的考虑，还有生态互补的意义，抗病、抗虫、抗风、共生、互生等因素，在天然林里层出不穷，尽可能“仿生”“仿自然”，对于恢复自然生态同样具有重要的意义。

建设绿化带案例

一、志愿者组织实地测量和统计

计算出小区的绿地面积，并绘制小区的平面示意图。通过统筹的方法将这些需要开展自助绿地的场地用显著的颜色标示出来。

二、场地测量完毕后，对测绘出来的平面图进行规划

按照功能分区，将需要种植的区域进行植物分类分区。所有资料进行科学管理，建立档案。

三、对一同参与的社区人员及小区居民明确提出职责要求

一切从全局出发，不搞私人蔬菜种植，否则势必破坏绿地的美观，影响景观整体效果。

四、解决资金来源

设立绿化基金，考量适合所在社区可产生经济效益的简单事情来创造收益，从而支持自助绿化工作；寻求其他外界力量的帮助，如政府部门。

五、组织多种水源收集系统

比如铺设楼宇之间的雨水管道，安装雨水收集容器，进行水资源回收，收集自家洗菜和淘米水等用于灌溉绿地。

六、后期自助绿化的维护和监督

除松土、防病虫害、剪枝修叶外，还要随时注意雨水罐中的水量变化，通过记录相关数据，进行合理的分析，以便更好地掌握绿化维护工作。

七、收集落叶

秋冬时节是一年绿化工作的收尾阶段，在此期间，可以组织志愿者将落叶收集起来，覆盖在绿地上。这样一方面可保持水土，另一方面可保持土地的湿度和温度，对于植物越冬会起到积极作用。同时，落叶还可以在来年转化为丰富的有机肥料，一举三得。

通过自助绿化、交流养花心得等活动让社区居民广泛认识，传递经验，成为朋友，从而加强社区居民的团结性。

（二）防污染

社区是一个人口相对密集的地方，各种污染源都应该禁止。如水污染（主要是指社区内地表水系的污染）、大气污染（周边各类工厂或施工工地造成的）、噪声污染（可通过隔音设施、隔音绿化带减轻）、放射性污染等。

防油烟污染案例

城市的烧烤已成为夜宵的主力军，但油烟问题也悄然进入了我们的视野。餐饮油烟不仅影响人的身体健康，还对城市环境造成了严重的污染。

在这样的情况下，志愿者可以联合工商局、城管局一同对辖区主次干道餐饮单位油烟排放情况进行排查。制作一张“私人订制”油烟排查图。队员们根据该图检查，完成一段路标红一段路，每次行动范围细分到路段，责任到人，循序渐进，努力做到不留死角。为了检查更彻底，一方面联合美团、饿了么等外卖平台，从平台收集深藏于居民区的外卖小店，联合平台对违规店铺进行下架处理。另一方面，按照“纵到底、横到边”原则，对辖区烧烤、烤鱼店等餐饮店进行专项整治，摸清底数，对发现问题限期整改。重点对餐饮油烟净化器的安装、使用和清洗等情况进行检测，志愿者对于摸排情况要有所记录，一是分类建立重点管理对象（门店）库，对于重污染的店铺，定量抽查、分区督导，加强检查频次，及时跟进整改情况，努力保障油烟污染问题不再恶化。在“回头看”时如发现整改不到位、屡劝不听的商户则予以立案查处。二是建立问题台账清单，方便后期的再检后及时更新卫生规范信息，呈现动态管理，有利于强化日常监督。对油烟排放量不合规的经营户发放《关于开展露天烧烤专项整治的通知》，明确经营要求，落实主体责任，并做好登记工作。

噪声危害是经过三个途径造成的，志愿者要想方设法在这三个回合与其斗争。这就是：第一，消灭噪声源；如果不能全歼，就是使其降低也好。第二，噪声要经过一段“路”才能到达“作案”点。因此，当它一旦“出门”，就四方埋伏，半路截击。第三，如果噪声仍然逃窜出来，就要予以必要的防护。

最根本的办法是从噪声源下手。常见的电动机、发动机、机床、车辆等，都是噪声源。要降低噪声，就要首先改进产品设计、提高工艺制造水平。长期以来，人们不断实践，针对各种噪声源，采取了相应措施，取得了一些效果。例如对气流性噪声，就设计了十分平滑的通道，减少了气体流动时的相对剪切作用，因此噪声降低了。对因固体摩擦而产生的噪声，采取添加润滑剂或用滚珠的办法。对那些直接碰撞而产生的噪声，在其间加入可以“缓冲”的材料——介质，使“响动”得到明显的缓和。

在城市中随处可见光污染，如汽车夜间行驶时用的车头大灯、电焊弧光、玻璃或镜子对阳光的反射、建筑装饰使用的玻璃幕墙等引发的交通事故。一些特殊结构的玻璃幕墙因反射光线的聚焦，产生局部过热现象，引起火灾。夜幕里霓虹灯扰乱人体正常的生物钟，甚至导致失眠和神经衰弱。彩光灯产生的紫外线使人神经系统受到影响，还会影响心理健康。红外热辐射造成的体温调节障碍，胃肠功能下降，引发日射病、热射病等。长期的红外线照射还可以使眼底视网膜、角膜烧伤，直至引起白内障。紫外线对角膜的白斑伤害，对皮肤引起红斑和小水疱、色素沉着、角质增生、皮肤癌等疾病。

小贴士

防光污染

一、减少光污染的来源

从城市规划管理角度合理布置光源，志愿者与当地住建局、城建局协商，对城市主干道、立交桥、高架路两侧的建筑物外墙设计和制作提出建议。在各种交叉路口，不宜使用玻璃幕墙，多用反射系数较小的材料，不要用功率大的强光源；室外照明灯最好加装灯罩等等。

二、降低居室的光线

室内装潢，尤其是卧室，避免雪白锃亮，用温和色调。

三、加强个人防护意识，做好防范措施

向群众科普强光危害，告诫他们不要在光污染地带或强光照射下长时间停留，必要时可戴防护眼镜（如墨镜、变色镜等）和防护面罩。

四、加强绿化建设

在强光污染的建筑物周围，号召周边用户一起栽树种花，广植草坪，以改善和调节光线环境 。

（三）制作环保手绘

手绘图案是最纯粹、真实的一种表达方式，将手绘图案运用到物品外观上，对于接触者来说，更是一种回归自然、放松心境的生活乐趣。现在的人们很多都拥有丰富的艺术细胞，若能将对环保的理解用艺术表达出来，将会有重大的传播价值。

社区环保活动案例

党的十九大报告中提出推进绿色发展，坚持走生态文明发展道路。响应时代号召，紧随绿色步伐，常州市人民家园社区结合自身环保项目，融合绿色文化理念，邀请浦前中心小学的师生志愿者，前往社区参加“绿色生活，环保手绘”活动。

傅阿姨是人民家园社区的环保达人，那些不起眼又或者是别人废弃的瓶瓶罐罐等可都是傅阿姨的宝贝，在傅阿姨的巧手改造下这些废旧瓶瓶罐罐，都摇身一变成为一个个创意环保花瓶，放上绿植，在阳光的点缀下熠熠发光。傅阿姨和社工们说“要是能给这些白色的花瓶装饰些图案就更好看了”，听闻这次活动，傅阿姨特地带着自己所有的“宝贝”，等待着惊喜的出现。

“老师们画一个雪人”“老师，我要画熊猫”，孩子们尽情发挥他们的想象，只见他们用笔先在瓶子外边刷上一层底色，再用小笔勾勒出大致形状，在颜料盘里调出心里最好看的颜色，不一会一个个极具卡通创意的手绘花瓶出现了；学生们一边画一边和社工志愿者们交流着“阿姨，我画了一个七彩祥云，希望绿色让我们的生活更美好”。

除了在纸上绘环保画，志愿者还带领孩子在社区的井盖上绘画。大家先用粉笔按照图稿在井盖上起型，再上色，其间，社区里的小朋友、居民也被吸引进来，和志愿者们一起创作。上色完成后，志愿者们还给井盖抹上几遍清漆，使颜色保持更长久。彩色的井盖绘制成功后，放眼望去，小区里每隔几米，便有一个彩色井盖点缀其间，而且井盖上的图案也各不相同：北极熊、热气球、自行车、水管……鲜艳的色彩、俏皮的图案，使得原本灰暗无光的小小井盖成为街道上最抢眼的地方。大部分彩绘都结合了环保主题，例如节约用电、自行车低碳出行、节约用水等等。借助彩绘这种方式，将环保理念与艺术美感融合在一起，潜移默化中让居民对环保产生更为直观的认识与接触，让环保理念扎根居民心中。

本次活动结合人民家园社区“弘辉杯”公益创投项目“绿色生活创意环保”的主题，弘扬和提倡绿色生态文明理念；提升社区居民对绿色生活、低碳环保认识和理解，通过废旧物品创意改造、手绘的方式传播绿色正能量。

三、环境卫生美化服务

环境卫生是城市空间环境的卫生，干净无污物，“肮脏”的反义词。所以此处主要包括城市街巷、道路、公共场所、水域等区域的环境整洁，城市垃圾等生活废弃物的收集、清除、运输、中转处理、处置及综合利用，城市环境卫生设施规划建设等。在新形势下，它不再局限于垃圾收运处理和道路清扫保洁，而是向“大市容、大环境、大卫生”的方向发展，形成一个包容着城市保洁、市容景观、环境保护、法制建设、市民公德建设的全面综合的发展体系。为此，环保志愿者的工作可布局在背街小巷、集贸市场、老旧小区、城乡接合部、建筑工地等，要想让城市没有“卫生死角”，这些点位绝对是重点清理对象。志愿者们起到带好头的作用，号召广大市民积极主动参与，清洁家庭卫生、清洁社区环境，积极充当创卫“监督员”。

污水和垃圾是志愿者们的主要斗争对象。从微观角度来讲，志愿者对于污水和垃圾的处理可从以下几点着手：

（一）城市污水处理

污水处理一般分为生产污水处理和生活污水处理。

1.物理法。主要处理对象是污水中所含有的大量悬浮物，采用机械设备使其沉淀而加以去除。

2.化学法。利用化学反应分离污水中污染物质的处理方法，通过加入化学药剂与水中污染物发生反应，从而达到污染物质无毒、无害化的处理效果。该法主要用于工业废水的处理，依据工业废水的来源性质和危害确定合适的化学药剂、投加量以及处理方法，主要有中和电解、氧化还原和电渗析、气提、吸附、吹脱、萃取等。

3.生物法。利用微生物的生理功能，适当采取一定的人工强化措施，创造有利于微生物生长、繁殖的良好环境，加速微生物的增殖及其新陈代谢生理功能，从而使污水中的有机物得以降解、去除。其中生物处理在生活污水处理中起着最重要的作用。

（二）城市垃圾处理

卫生填埋法具有技术比较成熟、操作管理简单、处理量大、投资和运行费用低、适用于所有类型的垃圾等优点。但也具有明显缺点：减容、减量化效果很差，资源化水平很低，占用大量的土地资源，场址选择日益困难，垃圾渗滤液污染地下水及土壤、臭气污染大气、垃圾发酵产生的甲烷气体既是火灾及爆炸隐患，排放到大气中又会产生温室效应。

高温堆肥可以杀灭垃圾中的病菌，可提供有机肥。但下列缺点限制了其应用：只适用于易腐有机质含量较高的垃圾，存在产品质量与市场问题，占地面积较大且臭气影响较重，气体可能对大气造成污染，产品可能污染土壤，特别是一些重金属在土壤中富集将随食物链进入人体。

焚烧法具有处理效果好，处理周期短，占地面积小，选址灵活，燃烧的热量可用来发电等优点。但同时也存在仅适用于有机垃圾，且焚烧管理不当会造成二次污染等缺点。

在处理垃圾之前，要对人类的垃圾投放行为进行正确的科普。目前全国都在试点垃圾分类，垃圾分类是习近平总书记亲自谋划、亲自部署、亲自推动的重要工作，推动生活垃圾分类，是关乎人民美好生活的大事，也是生态文明建设的要事难事，是“小切口引起大变化”的生活革命，更是我国作为一个负责任的大国，向全世界人民交出的绿色发展的答卷。

小贴士

垃圾分类常见误区

◆大棒骨是厨余垃圾

事实上，大棒骨因为“难腐蚀”被列入“其他垃圾”。类似的还有玉米核、坚果壳、果核、鸡骨等则是厨余垃圾。

◆厕纸、卫生纸是可回收物

可回收的废纸主要包括报纸、期刊、图书、各种包装纸等（污染严重的纸除外）。在一般的认知中，厕纸属于纸张，是可回收的。但实际上，厕纸遇水即溶，不算可回收的“纸张”。类似的还有餐巾纸、厨房用纸等，也不可回收，都属于“干垃圾”。

◆**花生壳是其他垃圾**

“果壳瓜皮”的标识就是花生壳，的确属于厨余垃圾。家里用剩的废弃食用油，目前也归类在“厨余垃圾”。

◆**干的纸尿裤是干垃圾，湿的是湿垃圾**

不论纸尿裤湿不湿，纸尿裤都是干垃圾。因为干垃圾、湿垃圾并不是根据含水量来区分的，湿垃圾是指日常生活产生的容易腐烂的生物质废弃物，干垃圾是指除有害垃圾、可回收物、湿垃圾以外的其他废弃物。类似的还有餐巾纸、湿纸巾、卫生间用纸等。

◆**大骨头从厨房来，属于湿垃圾**

事实上，大骨头因为“难腐蚀”且“质地坚硬不易粉碎，易损坏湿垃圾末端处理设备”而被列入“干垃圾”。类似的，还有榴莲壳、椰子壳等，但鸡骨、鱼骨、玉米棒、苹果核等较软“易腐蚀”，属于“湿垃圾”。

◆**将湿垃圾装袋子后，直接扔进垃圾桶**

常用的塑料袋，即使是可以降解的，也远比湿垃圾更难腐蚀。此外装过湿垃圾的塑料袋沾有各类污迹，因此正确做法是先破袋，将湿垃圾倒入“湿垃圾”桶中，再把袋子扔进“干垃圾”桶中。

◆**饮料没喝完，塑料饮料瓶直接投入可回收垃圾桶**

不可以，塑料饮料瓶里剩下的液体，属于纯流质的食物垃圾。应先将液体直接倒进下水口，再将塑料饮料瓶冲洗干净后压扁，投放到“可回收物”垃圾桶中。这样既可以减少环卫工人的工作量，又可以压缩塑料瓶的体积，方便运输。类似的还有装可乐的易拉罐、装牛奶的利乐包装等。

◆**过期食品连带包装物一起丢进垃圾桶**

过期食品，比如一包受潮过期的瓜子，连带包装物一起丢进垃圾桶，这样做显然不妥，因为瓜子容易腐烂，属于湿垃圾，而包装物（如塑料包装袋），属于干垃圾，所以正确做法是将瓜子投放到湿垃圾的收集容器，塑料包装袋投放到干垃圾的收集容器中。

◆玻璃瓶收破烂的都不要，扔进干垃圾桶

玻璃瓶属于“可回收物”，可是因为它们个头大、分量重、回收利润低，正确的做法是投放到小区公共区域设置的可回收物收集容器，如果小区有开展两网融合服务站点，还可以将可回收物交投到这里，由保洁员分拣后纳入废品回收系统。

◆啤酒瓶属于其他垃圾

因为啤酒瓶能卖钱，属于可回收物，只不过它个头大、利润低，遭嫌弃罢了。可以和报纸等放在一起，收集多了一起卖掉，或者投入“可回收物”桶里，环卫工人收集后，进入现有废品回收渠道。

◆热水瓶胆属于有害垃圾

一般有危害性、传染性、易燃易爆的才划为有害垃圾之列。热水瓶胆本身是玻璃的，有一层很薄的银，应该划为其他垃圾。另外，像修正液之类，毒性不强，也可以归为其他垃圾。

◆陶瓷和玻璃一样属于可回收物

玻璃由于经过加工可以再利用，因此属于可回收物。而陶瓷难以实现再加工、再利用，应归为其他垃圾。

民以食为天，在人人都是“干饭人”的时代，饭菜的浪费现象经过“光盘行动”的整治有所收敛，但基于中国是人口大国，浪费的粮食总量还是惊人的，因此环保志愿者要依旧将珍惜粮食纳入环保议题。一方面丢弃的粮食构成了环境污染，另一方面减少粮食浪费就能减缓中国的粮食危机。要减少耕地的开垦，退耕还林。且粮食生产需要大量的耕地资源和水资源作支撑，浪费食物无疑就是浪费资源。丰收不是浪费的理由，习近平总书记关于粮食安全的讲话中，不仅表明我国守护粮食安全的态度和决心，也是对我国资源的节约与保护。按照平均消耗1立方米水生产0.5~1千克粮食来计算，每浪费0.5~1千克粮食，相当于浪费1立方米水，如果将每年所浪费的粮食节约下来，节约的水资源将相当可观。

蚯蚓养殖案例

蚯蚓的吃食速度较快，只要厨余垃圾不要一次性投入太大量，它们会很快被分解食用。另外，我们只要在给蚯蚓投放食物时，喷上微生物菌，这些垃圾就不会产生异味了。

在蚯蚓的养殖过程中，我们还要注意食物的投放。蚯蚓在饮食上有一定的偏好，即它们比较喜欢吃素食，比如蔬菜、水果、米饭、面制品等，但不能吃太油腻的东西，蚯蚓会大量死亡，因为它们本身分解不了油脂；含盐过多的东西也不可用来喂蚯蚓，这会引起蚯蚓中毒；骨质的东西因为分解时间较长，也不建议饲喂。所以家中吃剩的饭菜要有选择性地投放。

家中的蚯蚓养殖箱每隔3–5天就要照看一下。在25℃左右蚯蚓最活跃，在湿度70%左右时活性最好。湿度如果控制得不好，容易产生厌氧菌，使蚯蚓箱变臭。

蚯蚓是家庭垃圾分类减量的好帮手。它们能帮助每个家庭消灭掉菜皮、果皮、剩菜剩饭等厨余垃圾，甚至还能消灭掉家中宠物的粪便。蚯蚓可以在24小时内吃掉和自己体重相同的厨余垃圾。“蚯蚓养殖”是有机垃圾减量中的一种有效方法，也是“社区参与行动”开展生态环保社区项目中的一部分。其操作容易，实施简单。

1.给它们准备一个家：制作一批木制养殖箱，尺寸规格可根据家庭的具体情况来做，养殖箱可大可小。如果没有制作养殖箱，也可以用塑料桶、塑料整理箱、木盒等来饲养。

2.在养殖箱中倒入养殖土（以农田用土较佳）。最上面覆盖一层发酵好的牛粪混合土肥料，再放入适量的蚯蚓就可以了。

3.在塑料桶/箱的底部和盖上钻几个透气的洞，桶/箱底部可以垫个盘。

4.在桶/箱里放一层石子，上面盖一块儿滤布，再在上面放上养殖土，这些简单的用品就可以为蚯蚓搭建一个舒适的“家”。

第三节　资源循环利用志愿服务

※

资源循环利用是指根据资源的成分、特性和赋存形式对自然资源综合开发、能源原材料充分加工利用和废弃物回收再生利用，通过各环节的反复回用，发挥资源的多种功能，使其转化为社会所需物品的生产经营行为。废品利用回收的前提是垃圾分类，需要居民的主动配合。

一、农业资源循环利用服务

农业废弃物是农业生产与加工过程中产生的副产品，数量巨大，具有可再生、生成周期短、生物降解、环境友好等优点，是重要的生物质资源。如何有效地充分利用好这一资源是值得深入思考和研究的问题。2019年中央一号文件也明确提出，发展生态循环农业，推进畜禽粪污、秸秆、农膜等农业废弃物资源化利用，是加强农村污染治理和生态环境保护的重点工作之一。因此，如何做好农业废弃物的再利用，加快推进农业农村现代化，发展质量农业、科技农业、绿色农业、循环农业，是今后农业农村工作中的关键环节。

欲节约利用农业资源，减少大自然的消耗，总体来讲要从以下几个方面着手：

一要严格土地管理，确保耕地资源的永续利用。严禁占用耕地和宜农荒地建造游乐场所、高级别墅，以及兴建祠堂、寺庙和教堂等，积极推进农村居民集中居住的小区建设，切实保护和合理利用最为稀缺的战略资源——耕地。

二要强化水资源管理。推广节水型农业，在旱作农业区建设集雨补灌设施，推广覆盖集雨种植、水肥一体化、坡地经济植物篱、抗旱作水种、膜下滴灌等旱作节水技术，提高自然降水利用率和利用效率，缓解资源型缺水的紧迫状况和季节性干旱对农业生产的威胁。

三要进一步造林绿化，严格森林资源管理。尽快实现森林资源资产管理，完善森林资源有偿使用制度和价格体系，科学造林营林，有计划有组织地采伐，提高林木利用率，坚决打击非法滥伐行为，并开发木材替代产品。

四是节约化肥、农药使用，减少对土壤的损害。科学合理使用高效、低毒、低残留农药和先进施药机械，建立多元化、社会化病虫害防治专业服务组织，实行统一防治、承包防治等措施，进行病虫抗药性监测与治理，提高防治效果和农药利用率，减少农药用量。节肥技术包括化肥合理使用，增施有机肥以及测土配方施肥技术等，通过优化配置肥料资源，合理调整施肥结构，提高肥料利用率。

二、工业资源循环利用服务

我国工业发展中的深层次问题，是单位产品能源、资源消耗过高、污染物排放总量大，是导致环境承载力接近上限的重要因素之一。排放量大导致治理难度大，生产成本增加，在经济下行时段和下行区域，容易致使一些企业违法违规排污，是影响经济社会健康持续发展，环境质量恶化的突出问题之一。树立绿色发展、循环发展理念，改变依靠大量消耗资源、能源的粗放式经济发展方式，提高资源、能源利用率成为提高工业发展质量和效益的紧迫问题。东北老工业基地早期建设的企业多，发展循环经济具有重要意义。

各金属的循环利用。如铜，对不同原料，主要有如下一些处理方法：

首先分选。最简单的办法是先进行形态分选，手选是很普遍的；机械分选包括筛分、电磁分选（除去磁性物质）等；还有重介质分选、冶金分选（除去非金属物质）等。其次是废件与废料的解体。报废的设备及部件常采用解体方式，解体往往是采用破坏手段，如切割、破碎、研磨、打包和压块等。废电缆、蓄电池、电动机一般也经解体处理。其他方法还包括浮选法、化学法以及焚烧。

对暂时未能综合利用的“三废”，也要采取适当的处理措施，使其不致污染环境。在碱法造纸中，大量的火碱仅仅起着蒸煮原料的作用，并不转入产品中，因此，只要采用一定的措施，就能把大部分火碱回收起来再用。工业“三废”的处理和综合利用，还能促进行业和工厂间的协作。染料厂的含碱废水，浓度较高的，可以支援造纸生产：某些化工厂的含酸废水，可以满足钢铁厂的“酸洗”之用。火力发电厂产生的大量粉煤炭灰，污染大气，占用农田，现在可以大量迎来生产砌块、砖瓦、水泥、陶粒等多种建筑材料。油墨制造厂在不同产品的生产中同时存在废氨气和废硫酸水，污染大气，危害农作物，经过简单处理，就能制造硫酸化肥。

工业废水的治理是水源保护的重点。在生产中及时进行废水的分散治理，要比多种成分的废水混合后再去进行综合治理容易得多，效果也好得多。对工业废水中有害物质的回收利用，是治理工业废水、控制污染的积极措施。对回收利用了其中某些物质后的废水，也要在排放前进行有效的处理。

三、建筑资源循环利用服务

我国每年生产土木建筑材料所消耗的各种矿产资源为70多亿吨，废弃物的再生利用率非常低，废建筑塑料再生利用率只有5%，其他废弃物的再生利用率大体与此相同甚至更低。大量废弃物被堆积、存放起来，不仅占用了大量的土地，而且会对自然环境产生多种恶劣影响，部分废弃物含有有害物质，通过渗入地下或在空气中传播，造成地下水和空气的污染，直接威胁人类的生活。为此，志愿者们在这方面的资源循环利用工作可从如下几个方面着手：

（一）废旧沥青混凝土的再利用

主要有四种再生技术，第一种，厂拌热再生，将回收的沥青路面材料运至沥青拌和厂，经破碎、筛分，以一定的比例与新集料、新沥青、再生剂等拌制成热拌再生混合料铺筑路面的技术。第二种就地热再生，即采用专用的就地热再生设备，对沥青路面进行加热、铣刨，就地掺入一定数量的新沥青、新沥青混合料、再生剂等，经热态拌和、摊铺、碾压等工序，一次性对表面一定深度范围内的旧沥青混凝土路面再生的技术。第三种厂拌冷再生，即将回收的沥青路面材料运至沥青拌和厂，经破碎、筛分，以一定的比例与新集料、沥青类再生结合料、水泥、石灰、水进行常温拌和，常温铺筑成路面结构层的沥青路面再生技术。第四种就地冷再生，即采用专用的就地冷再生设备，对沥青路面进行现场冷铣刨，经破碎、筛分，以一定的比例与新集料、再生结合料、活性填料（水泥、石灰等）、水进行常温拌和、摊铺、碾压等工序，一次性实现旧沥青路面的再生技术。

（二）废旧水泥混凝土的再利用

首先将废弃混凝土进行破碎，然后使用机械方法将粗集料和水泥石组分分离（但是一般细集料难以和水泥石完全分离），取水泥石部分进行再次的破碎和粉磨，之后将这些粉磨后的水泥石和无法分离的细集料一起进行热处理，在一定温度下使得这些已经水化了的水泥石再次分解并生成新的水泥熟料。

四、其他资源循环利用服务

对于生活中其他废弃物的处理，如塑料制品，要从源头和下游两端入手。分别是更换一次性降解餐盒、加强回收处理。

另外，培育公民物尽其用的习惯。因为不少干净的生活废弃物还能再用，将生活中的废弃物集中归置，询问是否有需要的人。这就需要设置“绿道驿站”做缓冲，帮助一些生活废弃物减缓去垃圾桶、去填埋场、去焚烧场的步伐。在这样的想法下可举办“废品换礼品”活动，居民们的废弃物分类意识有了极大提升，志愿者和居民渐渐培养友好和睦的感情，将废弃物分类进行到底，让环保的旗帜飘得更高。

资源回收案例

上海市政府将"电子废弃物回收网点建设"列入2014年市政府实事项目。用于电子垃圾绿色回收的"阿拉环保卡"和回收人员管理卡在全市推广，这种把绿色回收变绿色积分并转换成消费积分的城市电子垃圾绿色回收模式在全国是首创。具体模式如下：对电话机、手机、微波炉、热水器等50多种小型电子废弃物，社区居民可以先就近去线下布点的实体回收箱交投，回收人员定期清理回收箱，对于不同的回收品类，根据社区居民在电子垃圾上标注的卡号，兑换成不同的积分，打进个人的"阿拉环保卡"。这些环保积分就能兑钱或兑换消费积分。电视机、洗衣机、冰箱、电脑、空调等大件废旧家电，可预约免费上门回收，回收后同样有积分可兑换。

工具包

农业废弃物的再利用

一、燃料化利用

以农作物秸秆、蔬菜瓜果的废弃物和畜禽粪便做原料，通过一定时间的发酵后，产生的沼气可以用作燃料，是农村家庭用的省柴节煤灶（炕）的升级换代，这些都是比较普遍也是起步较早的一种农业废弃物利用方式。

二、肥料化利用

传统生产中，秸秆还田、肥料堆沤养畜等是广大农民最常用的农业废弃物利用方式。近年来，随着科技的发展，废弃物肥料化利用方式也随之增多，常见的有堆肥、液体肥、有机生物肥、有机复合肥等等。

三、栽培基质

为解决设施蔬菜土壤连作障碍日渐突出问题，部分农业科研人员对农业废弃物在无土栽培基质利用上也有不少研究，应用菇渣、中药渣、秸秆作为基质原料、配合有机肥进行设施蔬菜生产已经取得一定进展。

四、饲料化利用

农业废弃物中的玉米、谷物、豆类等秸秆中粗纤维含量高，适合用作畜禽饲料。在养殖生产上，主要的利用方式有青贮饲料、秸秆粉碎后直接饲喂、秸秆深加工等，但是秸秆深加工受设备设施的影响，在生产上应用还较少。

五、食用菌栽培料

在双孢菇、草菇等食用菌栽培中，麦秸、玉米壳、稻草等通常被用作栽培料、菌棒的原料，同时食用菌栽培废料还可以在姬菇、榆黄菇、鸡腿菇等生产中再次被利用。

第四节　野外环境调查与修复服务

※

可持续发展是指既能满足当代人的需要，又不对后代人满足其需要的能力构成危害的发展。环境保护有利于建设节约型社会，实现可持续发展；实施可持续发展战略，有利于促进生态效益、经济效益和社会效益的统一。所以为了若干年后的环境也能优美如初，志愿者们要从如下几个方面着手：

一、水文环境调查与修复

调查湿地资源的活动案例

上海的湿地资源原本十分丰富，2011—2013年上海市组织开展了第二次湿地资源调查。调查结果表明，上海市共有湿地总面积376970公顷。为了保护湿地，志愿者将按照如下步骤对湿地资源进行调查。

一、活动步骤

根据湿地的概念，结合地图等资料，了解本地区有哪些基本的湿地类型，以班级或小组为单位选定若干块湿地开展调查。

二、调查内容提示

1. 制作有关表格，记录调查湿地的类型和分布特征。

2. 调查湿地周边地区社会经济发展与湿地开发利用的关系，以实地调查和资料查阅相结合的方式，了解湿地生态被破坏的状况，查清威胁湿地生态的因素，以及其作用时间、方式强度、已产生的危害及潜在威胁。

3. 调查和了解人们对附近湿地可持续利用的认识和保护状况，比如过去、现在和将要采取的湿地保护行动，包括时间、主要目的、主要措施及主要成果等。

三、成果展示

1. 编制本地区湿地地图，撰写调查报告，并在一定范围内进行交流。

2. 在校园内举行“湿地记录”主题摄影活动，宣传保护和合理利用湿地的重要性。

朝阳初现或夕阳西下，芦苇和草地上千鹭腾空。湿地观鸟是一项充满乐趣的户外休闲活动，通过野外观鸟，可以培养人与鸟类的感情，让群众能深切感受到“劝君莫打三春鸟，儿在巢中待母归”的含义，唤醒人们对自然生态的保护意识，鸟儿离不开湿地，湿地保护好了，人鸟才能和谐相处。为此，志愿者可举办组团观鸟活动。

观鸟小贴士

一、观鸟规则

邀请三、五爱鸟同道之人集体活动；观鸟时，如遇见鸟类筑巢或育雏，只可远观，不可近看，更不可大声喧哗；不给野生鸟类喂食或放生进口鸟类，以免破坏鸟类的生态平衡；有些鸟类生性害羞不愿露面，不能使用不当的方法引其现身，如放录音、丢石块等；不要在鸟类栖息地随便采摘果实、捡拾底栖小动物等，因为这些都是鸟类的食物；拍摄野生鸟类，应尽量避免使用闪光灯，以免惊吓它们；观鸟时不要穿戴颜色鲜艳的衣物、饰品。

二、观鸟准备

笔和笔记本、鸟类图谱、望远镜、照相机（配长焦距镜头）、雨具、胶鞋防蚊虫叮咬的药水等。

三、观鸟记录

可以设计表格，记录中包括以下项目：编号、观察地点、观察日期、记录者、观测者、天气描述、观察装备、环境与路线、鸟种记录（观察到多少种、每种多少只）等。

四、上海湿地观鸟好去处

崇明东滩自然保护区、九段沙湿地、南汇滨海东滩大堤等，这些地方野生鸟类品种数量众多，是候鸟南迁北往的交通驿站，每年从西伯利亚飞往澳大利亚的候鸟都会在此停留觅食。

五、上海观鸟最佳时节

每年3~6月，主要为鸻鹬类候鸟；9月至次年2月，主要为雁鸭类候鸟。

二、地质环境调查与修复

国土面积内的森林、江河、湖泊、海洋、水库、沼泽、湿地、草原、山脉、沙漠、戈壁、地下资源（地下水、煤炭、石油、金属等）、耕地、土地等等自然地表资源，都要定期全面地科学探测和普查。当发现环境已被破坏时，志愿者们的首要任务就是减缓被破坏速度。如小范围的河流被倾入的垃圾污染时，用打捞网将垃圾提出并分类至对应垃圾筒。当大范围的河流被污染时，就要找出是否是上流排放的原因，找到源头立马切断支流。对于贫瘠的土地，要建设防护林防固风沙，如何建设防护林？志愿者在为当地选取树木时要考虑如下方面：

（一）农田防护林选择干形高大、树冠窄小、生长快、深根性、抗风力强、经济效益好的树种。

（二）防风固沙林应选用具有根系发达、萌蘖力强、耐干旱瘠薄、树冠大而紧密、抗风性能好、对土壤有较好的固定和改良作用的树种。

（三）水土保持林应选择根系发达，特别是侧根发达、生长迅速、萌蘖力强、树叶茂密、适应性强的阔叶树种。

（四）水源涵养林选择生长迅速、根系发达、枝叶繁茂的阔叶树为最好。

（五）环保林应具备冠形美、抗污染力强、观赏价值高、寿命长的树种。

资料包：抗废气植物

一、对二氧化硫有抗性的植物

葡萄、草莓、扁桃、波罗蜜、人心果、蒲桃、无花果、柑橘、山茶、米兰、菊花、唐菖蒲、海南红豆、芒果、醋栗、女贞、构树、海桐、夹竹桃、麻风树、桂花、蒲葵、棕榈、散尾葵、石栗、银桦、糖槭、樟树、多种榕树、木麻黄、牛乳树、假槟榔、苦楝、大叶黄杨、臭椿、紫藤、桑树、花柏、柳、柿、石榴、玉米、西红柿、甜菜、马铃薯、黄瓜、芹菜等。

二、对氟化氢具有抗性的植物

苹果树、柑橘树、芒果树、海桐树、麻风树、构树、山茶、女贞、阴香、大叶紫薇、牛乳树、细叶榕、菩提榕、臭椿、国槐、垂柳、泡桐、丁香、木槿、海州常山、连翘、大叶黄杨、大叶榕、小叶榕、木麻黄、樟、朴树、金银花、悬铃木、竹柏、桧柏、油茶、棉花、紫花苜蓿、甘薯、西红柿、美人蕉、向日葵、蓖麻、狐茅、烟草、洋葱、十字化科和菊科植物等。

三、对氯气具有抗性的植物

松叶牡丹、海南红豆、肉桂、阴香、龙舌兰、厚壳、滇朴、木槿、黄杨、夹竹桃、侧柏、刺槐、金合欢、垂柳、银桦、石栗、构树、山茶、波罗蜜、人心果、蒲桃、桂花、蒲葵、棕榈、散尾葵、牛乳树、假槟榔、榕树、木麻黄、芒果、海桐、枇杷、悬铃木、臭椿、扁桃、樟树、樟叶槭、香樟、柳、美人蕉、鸡冠花等。

四、对光化学烟雾污染具有抗性的植物

日本柳杉、黑松、日本扁柏、日本花柏、落叶松、樟树、柃木、青栲、丹桂、甜菜、薄荷、草莓、雪唐菖蒲、辣椒、青紫菀、香丝草、乌蔹莓、红蕨、白薯、含羞草、马鞭草、鳄梨属、牻牛儿苗等。

三、废物污染调查与修复

野外环境的广阔性让各种垃圾、废料有了存在的空间，在各种废料中，纸质与木制还较容易降解，问题较大的应是塑料餐盒，国家早就宣传并且整治过，只是收效甚微。环保组织调研发现，每单外卖平均会消耗3.27个一次性塑料餐盒/杯，这意味着每天2.56亿份订单的食客饱餐过后，至少产生8.3亿份塑料餐盒、一次性筷子、塑料袋等外卖垃圾。对于这种餐盒的解决之道：强制使用易降解材质制作的餐盒；对回收塑料餐盒的相关单位进行强力资金补贴，并且规定餐盒回收的价格。此外，对于一般固体废物的处置方法主要有以下几种：

（一）土地堆存法

堆存是最原始、最简单和应用最广泛的处置方法。这种方法只应处置不（或低）溶解、不扬尘、不腐烂变质等不危害环境的固体物体。但占地多，且数量较多时可能发生二次污染。

（二）填埋法

填埋法也是古老而广泛采用的处置方法。填埋场地尽量利用废矿坑，并有排放有机废物填埋后产生的废气的通道，防止发生爆炸、火灾或窒息性死亡等。一些工业发达国家应用卫生填埋、滤沥循环填埋、压缩和破碎垃圾后填埋等新的填埋技术处理城市垃圾等固体废物。

（三）筑坝堆存法

粉煤灰、尾矿粉等湿排灰泥需要围坝堆存。储存场应设在输送方便、工程量少、使用年限长的山沟、山谷等地。

（四）土壤耕作法

土壤耕作法是利用土壤中的微生物处理无毒或经过无毒化处理的固体废物，经生物降解用作农肥。是废物资源化的一种 。

社区绿色出行案例

一、筹备阶段

在小区做一次居民出行的调查，了解本社区居民常住人口数量和交通出行的习惯，以及多少人拥有汽车？停车位有多少？自行车的停放场地有多少？是不是满足需求？社区绿地面积和树木有多少？

二、宣传阶段

1. 做一次绿色出行知识的主题展览，宣传形式可以是折页、海报、展板、易拉宝、视频、电子屏、条幅等。

2. 做一次绿色出行小课堂，并回答居民的问题。

三、互动阶段

1. 请居民做出绿色出行承诺，填写承诺书或者承诺板。

2. 绿化认养。鼓励有车族认养小区树木，以中和汽车的碳排放。认养资金用于小区绿地和树木的日常维护。

3. 免费自行车租赁。可以在社区的停车场备自行车，私家车主可以凭借车证换取自行车。

4. 制作本社区的绿色出行地图，放在社区宣传栏。

5. 互通信息，鼓励邻里之间的互助搭乘活动。

6. 结合小区运动会、小区庆祝活动，举行自行车慢骑比赛，绿色出行知识竞赛等文娱活动。

四、保护生物多样性

每一个物种对自然环境都起到非常重要的作用。维系自然环境平衡的基石之一是食物网，每一个物种都是食物网上的一个节点。当一个物种丢失，那么食物网就会少了一个节点，这个食物网就变得简单，越是简单的食物网越是脆弱。所以对于野生动物的保护也是环境保护的一部分。

在日常的生活中也可以在举手投足之间保护动植物。如春天是户外亲子活动的好时机，到植物园或森林苗圃义务植树；平时不践踏草坪，不摘花。另外，不饲养外来动植物，因为外来入侵物种是导致生物多样性减少和丧失的重要原因之一。在平时的购物中注意产品的来源和组成成分，联合抵制包含濒临灭绝物种的产品，避免购买原材料获得过程或生产过程有损于生物多样性的产品。特别是上层阶级要留意所购买的珍稀极品是否来自野生的或外来的物种，例如象牙、麝香鹿、海龟壳或藏羚羊的羊毛。穿戴的服饰是否以野生动物的生命为代价而制成的。举报非法贸易野生动物的行为。病患留意使用的传统中药是否含有濒危物种成分；餐饮行业坚决不用野生动物作菜肴。

在志愿者队伍中动物保护志愿者一直是庞大的队伍。志愿者可与社会团体、宗教寺庙联合，通过宣传车、展览板和宣传画等多种形式开展《中华人民共和国野生动物保护法》宣传。若野生动物已受伤害，应送往野生动物收容救护站进行救助，对野生动物个体病害检疫，确保个体的健康；并明确野生动物的种类、原生地、捕获圈养时间，为后期的放归做好准备。随意放生会造成外来物种的入侵、破坏当地的生态平衡或食物链结构，同时，有些珍稀濒危动物由于无法适应新的环境而死亡。因此，放生应该在有关部门的科学指导下进行，个人不能随意放生。在放归地点的选择上，坚持“从哪来，到哪去”的原则，尽可能地把野生动物放归到发现地或者捕捉地。这样可以有效避免放归动物携带的疾病、寄生物、遗传物质在野生种群中扩散，同时避免外来物种对本地动植物生态链带来的破坏。一些违法捕猎的野生动物，通过长途运输，被买卖到市场中，监管部门在查获其活体后，不应盲目就地放归，而是要送往当地野生动物救助中心仔细鉴定野生动物的种类，明确健康状况是否容许放归。对于没有条件遣返放归的，本地放归时，要考虑到放归地的环境、放归地的生态链状况要与原生地相似，保证野生动物放归后有相应的生存环境及充足食物。

鸟类放归小贴士

一、放归季节的选择

一般春季领地紧张，冬季食物匮乏，不适宜放归，会对放归的野生动物造成伤害。每年3–5月份、9–11月份是鸟类迁徙季节，应根据鸟类不同的迁徙习性，选择不同的季节和时间放归。迁徙中救治的鸟类在康复后，应及时将其运往迁徙地，选择合适的环境放归，以避免长期饲养对其造成不利影响。

二、放归天气的选择

应避开恶劣的雷雨霜天气，以免影响其正常活动。在白天活动的鸟类，应选择上午的时间放飞，从而有足够的时间适应周围环境。对于夜间活动的鸟类，应选择下午或者傍晚放飞，有利于其活动，从而减少昼行鸟类对其的威胁。

三、放归方式选择

有条件的地方应采取逐步放归，使野生动物逐步适应野外生活。即采用“软放归”方式，在放归区设置“围栏”建立放归适应区，让其适应一段时间，然后再打开笼或者围栏，让其自由出入。工作人员应在围栏或者笼内投放食物和水，但应逐步减少投放量，直到动物全部离去。对于年幼、适应性差、部分长期人工圈养过的野生动物，野外生存能力降低，对野外地理环境、气候的适应性降低，直接放养后反而会因为不适应或者食物短缺而死亡，采取“软放归”有助于增加释放后成活率。

总体来说应根据动物种类和习性，确定放归方式、时间、数量，放归后不应强迫和驱赶动物，应该等动物情绪稳定后自行离去。同时放飞鸟类，不应抛起，应放在地面上等鸟类自然飞离。

第五节　制止破坏环境行为志愿服务

※

终止破坏环境的行为也是保护的一方面，在平时的生活中我们经常可见因缺乏环保意识有意或无意的破坏环境行为，这时志愿者就要依法及时出面制止。

一、检举违法企业

公民享有环境权。公民有权利采用不同的手段措施行使自己的环境权。比如协同有关职能部门参与环境监督，一般可采取下列途径:

（一）提起民事诉讼

公民可以依据民法的相邻关系，对侵害环境生存权的行为提起诉讼（称之为环境保护相邻权），请求排除妨碍、停止侵害，并要求侵害方承担相应的民事赔偿责任。

（二）检举犯罪行为

我国刑法规定了有关环境资源犯罪方面的内容，公民在发现环境犯罪行为时，应当向公安、检察和环境保护机关控告检举，并积极配合有关部门调查取证，提供破案线索，帮助控制、减少和消除危害的后果，紧急情况下可根据刑法规定的正当防卫权或紧急避险权采取相应措施。

举报破坏环境奖励办法案例

2020年，贵州省生态环境厅根据生态环境部《关于实施生态环境违法行为举报奖励制度的指导意见》（环办执法〔2020〕8号）要求，会同财政厅制定印发了《贵州省环境违法行为举报奖励办法（暂行）》。《办法》共13条，主要围绕制定依据、基本原则、举报方式、举报核实、有奖举报和无效举报的情形、奖励形式和奖励兑现等内容进行了详细规定。

举报奖励的范围包括新、改、扩建项目未执行环境影响评价制度擅自开工建设的或违反环保“三同时”制度擅自投入生产的等27类生态环境违法行为。

广大群众可以通过12369电话、来信来访、互联网、12369微信平台等多种合法有效的举报途径举报环境违法行为。生态环境主管部门将根据举报的内容、性质、协查程度和生态环境违法行为的危害情况，根据举报核实情况，按一般违法行为、较重、重大、特别重大违法行为分级，采取一事一议方式进行物质奖励。

对较重以上违法行为举报的奖励，由实施奖励的生态环境部门根据调查核实情况，综合举报问题的严重程度、造成的影响及举报对违法行为查处发挥的作用等因素在奖励金额范围内确定奖励的具体金额。除物质奖励外，鼓励各地对举报人实施通报表扬、发放荣誉证书、授予荣誉称号等精神奖励。

对于符合《奖励办法》奖励条件的举报，属地生态环境部门在调查核实后应及时通知举报人领取奖励。

（三）要求行政部门解决

公民可以对任何破坏环境资源和其他侵害环境权的行为向具有环境保护职能的国家行政主管部门（如环境保护、农林、土地、海关、公安、渔政、航道、路政等）举报。公民对有关行政主管部门不履行职责的行为也可以提起行政诉讼，起诉行政主管部门行政不作为，同时对因环境侵害造成的直接损失，可要求其承担连带责任，并提出国家赔偿的请求。同时，公民也可以采取其他一些方式来促进有关部门加强管理和执法，例如社会舆论监督，将违法行为向媒体曝光等。

一些打着擦边球的企业特别是工厂是环境被破坏的主要“元凶”，如煤矿在开采过程中产生的污水排放、废渣产出（煤矸石是矿区主要固体废弃物之一，长期堆积的煤矸石会发生自燃，产生气体污染大气、土壤、水流等；并会产生大量的CO_2、SO_2等有害气体）、气体排放（煤矿在开采过程中会产生CO_2、SO_2以及CO、氮氧化物等有害气体）等对矿区环境产生污染，严重破坏了矿区生态环境及生物多样性 。

对于这些企业，志愿服务组织作为一种公益组织无权管控他们的运营，无法直接保护环境，但可以间接监督。如有违法行为，一是增加媒体曝光的舆论压力，二是监督执法部门的执法力度敦促企业拿出整改措施。

二、劝说与教育

对于正在污染环境的民众，志愿者要及时劝阻，直接的硬生生劝阻不光无效反而会制造民众与志愿者之间的敌意。这时就彰显出培训中沟通的重要性，如村妇在溪流边洗衣服，向他们说明河水中有寄生虫会附着在衣服上，这样她们才会心甘情愿地停止行为。再如农村居民会捕食野生动物，可向他们说明野生动物没有经过养殖场的疫病检验，直接食用会将病毒食入体内，造成不可逆转的伤害。一时劝说作用于当前，可能无法起到长久的作用，这时就要将保护环境的警示牌竖立于景观外围。

“勿以恶小而为之”，将不良事物的开端扼杀在摇篮里是防止意外出现的最直接方式。对于环保志愿服务来说，不能仅将工作局限于保护环境，阻挠破坏环境的行为也是保护的另一种方式。

环保教育案例

永嘉绿色环保志愿者协会照例组织环保志愿者开展巡河。当巡查至楠溪江古庙溪上路垟村段时，志愿者们看见，有两辆农用拖拉机不停地来回穿梭于楠溪江畔与滩林之间，后斗上满满的砂石不停地渗漏出黄黄的泥浆水，在沿途道路上“拖”出一条条长长的泥“尾巴”，污染得整条道路泥泞不堪。不远处，一台小型挖掘机正在河道里作业，周边滩涂凹凸不平，千疮百孔，水面一片浑浊。

“河道被破坏成这样了，难道有人在非法采砂？”痛心、疑虑的志愿者们当即拦下一辆拖拉机询问。原来，附近的上光村正在建造村里的机耕路，需要大量的砂石，所以村委会便雇了人到此处来采砂。得知私自采砂属于违法行为，开拖拉机的师傅谢某某赶忙解释道，自己并不了解，只负责运砂石而已。

为防止楠溪江河道被进一步破坏，志愿者立即向永嘉县治水办（河长办）、环保局、综合行政执法局等有关部门做了报告。没多久，相关部门执法人员便赶到现场，分工合作，展开了调查。在查勘问询后，执法人员暂扣了违法作业的拖拉机和挖掘机，并对该私自采砂的违法行为予以立案查处。

志愿者也借此机会向违法人员、围观人员进行环保教育，“楠溪江河道是禁止采砂的，无论是单位或个人没有合法的开采手续，均属于非法采砂行为，村里搞建设就地取沙石，看似合情合理，但不合法合规”。在志愿者们的协助下，各部门将加强联动，加大巡查执法力度，设立举报电话，建立健全长效管理机制，持续保持对非法采砂行为的高压严管态势，助推楠溪江水生态环境质量进一步提升，永保楠溪江“清澈古朴、野趣悠然”之美。

第六节 鼓励更多群众加入环保队伍

※

志愿者提供的服务，从事的公益活动，也是整个社会公益事业的一个重要组成部分。志愿者的工作是治理、改善环境，但他们毕竟只是芸芸众生中的很小一部分，总体力量是有限的，为了让更多的百姓参与到保护环境的队伍中来，志愿者有义务动员更多群众加入。在一些发达国家，人们崇尚志愿精神，孩子们从小就要在大人的指导下为社区和个人提供各种志愿服务，全民中有半数以上的群众是积极的志愿者，他们把为社会和他人无偿服务当成自己应尽的义务，按照自己内心的情感或价值判断自觉地去做志愿者。在中国，仅是志愿者这一小团队的力量还不足以将中国广袤土地上普遍污染的环境治理到理想的程度，众人拾柴火焰高，志愿者们唤醒广大人民群众的力量才是最高效的方式。

节能减排宣传案例

2010年6月12日至18日是全国节能宣传周。宁夏回族自治区团委围绕“节能攻坚、全民行动”主题，在宁夏共青团系统部署开展“争做环保志愿者，身体力行来节能”志愿宣传服务周活动。6月12日上午，该项活动在银川市鼓楼步行街举行，数十名头戴“小红帽”，身穿印有“奉献、友爱、互助、进步”字样红马甲的青年志愿者庄严承诺：尽己所能，不计报酬，践行志愿精神，参与节能宣传，坚持勤俭节约，力行低碳生活，为建设绿色美丽的家园贡献力量。

在环境保护志愿者招募宣传现场，前来咨询的行人通过朗读《公民节约行为公约》与青年志愿者亲切互动，共同发出节能倡议。每一位加入环境保护志愿者队伍的行人在登记册上留下个人信息后，便可获得一本《中国注册志愿者服务证》和一个环保手提袋。很多行人临时取消了自己的购物行程，加入环保志愿者队伍中，通过散发传单、现场答疑的形式宣传全民节能减排活动的理念和意义。整个活动现场洋溢着理解、合作、欢快、和谐的气氛。

活动当天，青年志愿者共发放节能减排宣传彩页5000余份，为作出节能减排承诺的市民发送环保手提袋2000余个，现场咨询、参与互动的行人达到万余人，超过5万人次的银川市民通过现场活动了解到了节能减排知识，600余人通过现场注册成为立志从事环境保护志愿服务的中国注册志愿者。

本次节能宣传周期间，宁夏各级团委将积极开展节能减排志愿宣传服务，将利用一周时间在宁夏招募千名环保志愿者，将招募并发动青年志愿者深入各个街道、社区、机关、学校、企业等，采取发放宣传品、演讲比赛、文艺演出、绘制彩图、节目互动、主题班队会等丰富多彩、富有特色的形式，开展节能减排主题系列活动，普及节能减排意识，培育节能减排文化，努力使节能减排理念深入千家万户，同时推动宁夏环保注册志愿者的数量不断增长。

第七章

环保志愿服务的风险管理

在整个环保服务过程中有无意外事故发生、服务过程是否与百姓和谐相处、经费是否充足、领导者是否称职等，这些潜存的因素都有可能影响志愿服务的长效发展，因此对志愿者的风险管理研究具有重要的理论与现实意义。

第一节　环保志愿服务的意外处置

※

因环保工作中的大多数情况都是户外工作，所以有一定的风险性，难免会发生意外。在共青团中央的推动下，有数百名全国人大代表和政协委员提出为志愿服务全国立法的议案、提案以及建议。中国人民大学法学院教授莫于川也曾表示，志愿服务立法有利于维护志愿者和志愿服务对象的合法权益，促进志愿服务事业的更好发展。立法是保障，但预防也不可忽视，对于一些意外事故也要有处置方案。

一、人员受伤的处置

志愿服务出现意外事故，由志愿者还是志愿者组织来承担责任？志愿者乘车外出参加志愿服务，万一途中出了车祸怎么办？当志愿者缺乏户外自保经验再加上环境恶劣时就很容易受伤，如在前行的路上遇到车祸，收集工业废料时不慎被扎伤、被感染等等，要有相应的处理方式。首先是志愿组织有必要为志愿者购买人身意外伤害等保险，其次是在出发前培训志愿者一些急救知识，携带医药箱。

根据《志愿服务条例》规定，志愿者享有请求志愿者组织为其参加志愿服务活动提供相应的安全保障和必要的物质保障的权利。《江苏省志愿服务条例》中更是明确志愿者享有“获得所参加志愿服务活动的相关信息以及必要的物质、安全保障”以及“参加与志愿服务有关的知识、技能培训和安全教育”的权利。

目前，全国各地志愿服务组织积极拓展各类资源，为志愿者的人身意外伤害提供保障。例如，在广东省中山市文明办的支持下，中山市志愿者联合会与中国人寿保险股份有限公司中山分公司签订了《团体意外伤害保险协议书》，统一为全市志愿者购买了志愿服务期间的意外保险。这项志愿服务保障措施能为全市24万多名中山志愿者带来更可靠的制度保障，解决志愿者参与志愿服务的“后顾之忧”，其中保险理赔内容包括最高2000元的门诊治疗保险，以及意外伤残最高赔付额5万元。

二、恶劣天气的处置

如在野外考察时预报有恶劣天气时一定不要选择前往山区，尤其是在气象部门已经发布了相关预警的情况下，即便是有数次户外勘探经验的志愿者也不能抱有侥幸心理贸然前往山区工作。因为，通常山区里的小气候较为明显，森林植被涵养的水分在白天蒸腾，加之夏季空气对流强烈，因此一场疾风骤雨很可能说来就来。遇到雷雨天气时不能躲避在树下或者是待在空旷的地方，在空旷处无处躲避时，应尽量寻找低洼处（如土坑）藏身，或者立即下蹲，降低身体的高度；远离孤立、高大的树木；多人共处时，相互之间不要挤靠，以降低目标大小，防雷击。

三、物资丢失的处置

鉴于环保工作的范围广泛性，志愿者有可能在繁忙的工作之余遗落了物资。对于这种突发事件，首先要第一时间与当地的公安部门取得联系，是否有群众捡到上交。其次是权衡是否是贵重物品，若是贵重物品派部分人员立即返回寻找，并在可能的丢失地散播警告信息；若不是贵重物品则要及时购买物品以继续随后的志愿活动。

野外环境调查时的意外伤害处置案例

一、猫狗咬伤的救护

如今常发生人被猫、狗咬伤的情况。猫、狗的唾液中可能带有狂犬病毒和细菌。人被这样的猫、狗咬伤后，起初伤口会出现疼痛、红肿，如果不处理，几天至几个月后可能会出现烦躁、惶恐不安、牙关紧闭、怕光怕水等狂犬病症状，严重时会危及生命。所以，人一旦被猫、狗咬伤，要立即采取以下处理措施：

1.小伤口可以立即用清水和肥皂水彻底冲洗，冲洗时间不能少于20分钟，把伤口内的血液和动物的唾液清洗干净。如果伤口较大，软组织损伤严重，则不宜过度冲洗，防止引发大出血。

2.用干净的纱布把伤口盖上，尽快把伤病员送到医院治疗。

3.按医嘱，注射狂犬病疫苗及破伤风抗毒素。

二、蜂蝎蜇伤的救护

人被蜂或蝎子蜇伤也会出现比较严重的后果。蜂的尾部有刺，刺与体内的毒腺相连。蝎子尾部有锐利的弯钩，弯钩与体内的毒腺相通。当蜂、蝎子蜇人时，毒腺内的毒液就会注入人体内，蜇伤的中心有出血点，起小水泡，周围肿胀，出现烧灼痛或剧痒的症状。蜂蜇伤还可能引起过敏反应，严重时患者会出现喉头水肿、支气管痉挛甚至休克的症状。中蝎毒严重时人会发烧、恶心、呕吐，甚至四肢抽搐、呼吸困难。救治的方法有：

1.如果有刺残留在伤病员皮肤内，用镊子把刺拔出来。

2.立即用手挤出伤病员被蜇伤处的毒液，也可以用吸乳器或拔火罐吸出毒液。

3.用肥皂水充分清洗伤病员伤处。

4.冷敷伤口，以延缓毒液吸收，减轻肿胀和疼痛。

5.如果伤病员病情严重，应尽快送到医院救治。

三、蛇咬伤的救护

在树林、草丛较多的地方，人被蛇咬伤比较多见。

1.常见症状

（1）被无毒的蛇咬伤后，伤病员皮肤上会留下排列成“八”字的细小的牙印；被毒蛇咬伤后则是在细小牙印的顶端还有两个粗大的牙痕。

（2）皮肤被咬伤处会出现红肿、疼痛等症状；如果是被毒蛇咬伤，伤病员会出现视物模糊、四肢无力、呼吸急促等症状，严重时会危及生命。

2.现场处理方法

没有经验的人很难立即分辨是毒蛇还是无毒蛇咬伤，因此，只要被蛇咬伤，都应按毒蛇咬伤处理。

（1）立即呼叫救护车。

（2）让伤病员休息，不要活动，以免加速毒液吸收。

（3）用绷带或布条从伤肢近心端向远心端包扎至伤口以上，包扎松紧要适度，以阻止毒液从淋巴回流人血液循环。

（4）不要切开或挤压伤口，也不要吸吮伤口。

（5）最好记录蛇的颜色、花纹、长度、头部形状等，或在自身安全的情况下将蛇打死送到医院，帮助医生诊断。

四、意外扭伤、骨折

立即冰敷降温，视情况轻重送医院或回家自行处理；如果没有来得及冰敷，严重的当日或第二天肯定会出现水肿，在没有明显消肿前尽量不要让受伤脚着地。

五、皮外伤

1.普通外伤：先将已破损粘连的皮层清除，用力挤压创伤四周，尽量排出或排净污血及黏液等，而后用酒精棉球消毒创面及周边皮肤。

2.深度划伤：先将已破损粘连的皮层清除，用力挤压创伤四周，尽量排出或排净污血及黏液等，而后用酒精棉球消毒创面及周边皮肤，用力将医用胶带在伤口表面做横向粘贴（要视伤口深度加大密度），均匀地撒些云南白药粉末，最后用医用绷带包扎。若伤口出血量较大，要及时采取必要的止血措施，如：用医用止血带、鞋带等捆扎伤处上方以止血，并应及时送医处理。

六、食物中毒

尽快用抠喉等方式催吐，吐完后需要喝大量清水然后再就医。

野外环境调查时的恶劣天气处置案例

一、雷雨天气

首先远离高大树木、有风化现象的崖壁与岩壁、较高坡或较陡的土质坡；远离河边、溪涧边、季节性河床；远离高差相对低凹处等高危区域。可以选择成片的灌木林、小树林、体量较大的岩石等处。另外，需要注意避开高压塔线等可能引发其他意外的建筑物，如只有相对独立的建筑物而无其他选择，则应时刻面向较为开阔地形一面，且集中注意力时时观察，尽早辨别异常的声响，确保能够在第一时间迅速撤离。

二、泥石流、山体滑坡

迅速向两边稳定区逃离，不要沿着山体向上方或下方奔跑；不要躲在有滚石和大量堆积物的山坡下面；不要停留在低洼处，也不要攀爬到树上躲避；设法从房屋里跑至开阔地带；应选择平整的高地作为营地，不要在山谷和山沟底部扎营。

三、山林火灾

面向风向的上风头穿过较窄的起火带，迅速奔跑撤离；风力较小，风向不易确定时，抓起一把尘土、细沙、落叶或撕碎的纸片等扬撒以确定风向；向距离最近的外缘地带、林中相对较大的空地、树木及植被较少的多岩石裸露地带、河滩等地方撤离避险；仔细观察，就地形地势避险。如：山谷底部区域一般较潮湿，较高的沟坎之下一般树木较稀，背阴的山坡一般树木较低矮等；用棉织物浸水后（自带的饮用水或尿液），捂住口鼻，防止吸入火烧灰烬及烟气；身着明火时应在无火处就地左右滚动灭火自救。

四、中暑

把人抬到树荫凉处，进行通风，没有荫凉可以撑起伞，总之挡住太阳。之后可以用矿泉水淋湿身体，喝点淡盐水。

第二节　环保志愿服务的未雨绸缪

※

为了提前防范志愿服务工作中的意外事件，有必要对各种已出现的、未出现的意外事件做出应对的准备，只有在心理上和行动上做出准备才能在事件发生时临危不惧。

一、集体研讨风险意外事件

鉴于环保服务工作多是与大自然直接接触，又是一项社会工作，就不可避免会受到大自然灾害与社会突发情况的侵袭。为了保证志愿者们的安全，有必要在志愿活动进行前就对各种可能出现的意外做心理上的准备，预想出真实发生的应急机制。如清理河道垃圾时有志愿者不慎落水如何应对？配备潜水服或是防滑鞋，在打捞时腰系安全绳与桥上相连等等。在工业区检测/拍摄工业污水违规排放时因气味中毒时如何应急？配备防毒面罩，学习抢救知识等等。在野外生态环境考察时被动物袭击如何自保？提前携带棍具等等。

上述都是志愿者自身还能解决的轻微事件，若是发生重大自然灾害、事故灾难和公共卫生事件等突发事件，需要迅速开展救助的，就要当地人民政府建立协调机制，提供需求信息，引导志愿服务组织和志愿者及时有序开展志愿服务活动。志愿服务组织、志愿者开展应对突发事件的志愿服务活动，应当接受当地人民政府应急指挥机构的统一指挥、协调 。总体来说要推动志愿服务全国性立法，加强志愿服务组织的风险防范意识与能力建设，完善保险制度及设立专项基金分担志愿者组织的风险。

二、适当争取赞助经费

《江苏省志愿服务条例》中明确提出志愿服务经费的几项来源，简单归类后，主要包括以下三项：第一大类，各级人民政府及其有关部门可以依法通过购买服务等方式，支持志愿服务运营管理，并依照国家有关规定向社会公开购买服务的项目目录、服务标准、资金预算等相关情况；第二大类，志愿服务组织通过申请政府财政支持、社会捐赠和资助、基金会募集资金等方式获得必要的经费；第三大类，鼓励自然人、法人和其他组织对志愿服务组织和志愿服务活动进行捐赠、资助。捐赠人和资助人依法享受税收等优惠政策。

有些特殊的志愿服务工作，对经费的需求量较大，如野生动物的保护。对于这种服务的经费获得，可通过申请政府购买的形式加大对野生动物方面志愿服务项目的支持。比如官方解决基本的意外保险、贵重工具，并提供能力建设培训，为长期参与野生动物保护的志愿者提供一定的医药补贴等；呼吁社会公众不食用野生动物，发现捕杀、贩卖、运输等违法行为主动举报，如果有捐赠能力的，能多考虑对野生动物保护方面的公益项目的支持 。

三、推举有经验的团队领导者

志愿活动往往是前往一个陌生的地方，而且很多任务都是在野外进行，所以一位称职的领导者非常重要。不光是保证环保活动有实效，更是整个活动在顺利、有序中进行，在圆满、安全中结束的关键。所以领导人是一个团队的灵魂，在活动中起统率作用。对于环保志愿服务团队领导者的选拔要满足如下几个要求：体力好；有环保专业知识；是非分明，既能有勇有谋地与违规现象做斗争，也要能与百姓深入进行思想交流。

第八章

环保志愿服务的善后工作

环保志愿者们深入一线治理、改善环境的工作结束并不意味着所有工作结束，志愿者还有诸多善后工作要做。要对此次服务评估与总结，了解此次志愿服务活动的效果与影响是否达到了预期。为了更精准服务用户，也要对相关人员和机构进行回访。对于已揭发检举的污染环境违法行为，要跟踪处罚动态，让不良事件最终得到法律的制裁，起到震慑作用。

第一节 追踪破坏环境现象

※

在全媒体时代，志愿者要充分合理利用新闻媒体、网站等平台加强对环保类新闻的持续报道力度。对于一些严重违法的破坏环境行为，志愿者告发到执法部门后有必要追踪整治情况，并适当曝光处罚情况。因为处罚的目的一是让被处罚主体付出代价，二是起到警示作用。另外，志愿者还可借助我国主流媒体建立环保类志愿服务公告制度，扩大志愿服务的参与面和影响力，借以提高环保类志愿服务的社会认知度及社会化普及程度。

一、检举严重违法

针对污染企业死灰复燃、低空空气污染、文化娱乐噪声扰民等问题，环保志愿者要充分利用好12369热线，参与环境保护工作中，利用好政府对公众生存权和环境权的认知和保护。12369是全国统一的环保投诉热线，当志愿者发现被污染的环境时，可以向环保局投诉。投诉后环保局就会展开调查，处理违法企业。拍照录音取证后，这些素材还可提供给当地媒体曝光（前提是污染已严重影响生活能引起舆论的程度）。如果是严重违法危害到公共安全，比如偷排危废、偷排高浓度污水，可以直接打110报警。

举报破坏环境的奖励办法案例

国家对破坏环境的违法行为打击力度越来越大，各地方政府针对环境保护问题也相应地出台了细则、办法，有些措施行之有效。比如江苏省生态环境厅近日出台《江苏省保护和奖励生态环境违法行为举报人的若干规定（试行）》，自2019年1月1日起实施。

其中规定，人民群众举报环境违法行为，一经查实，可以根据举报的案件性质、提供的线索资料、案情重大情况获得最低300元、最高10000元的奖励。规定中不但对举报人给予重奖，而且规定这笔奖金可以继承，如果举报人在领取奖金之前死亡，其继承人可以继续领取。

规定中要求不论是实名举报还是匿名举报都可以受到奖励。实名举报可以对举报人的信息进行保密，是否公开举报人的信息需要征得举报人同意，并且规定举报人一旦受到威胁，受理部门要会同公安机关对举报人及其家属进行保护。更有意思的是，这个规定还设计了密码领奖规则，举报人匿名举报时只要输入6位密码，领奖时就可以通过密码核对领取，这个规则既可以保证举报人信息不被泄露，又可以保证举报人能及时领到奖金。除了江苏省出台了举报环境违法行为进行奖励的规定，目前其他一些地区也有类似的规定出台。

二、跟进整顿情况

为了不让举报不了了之，志愿者有必要对执法部门的处置进程做好跟进。如与当地居民保持联系，询问上级部门是否已下基层整改，若并未整改则致电当初的举报部门询问案件受理情况。需要指出的是，志愿者可根据污染类型与程度大致判断出整改所需的时间，在迟迟没有做出决议的情况下可以拨打12345市长热线反映，公民要充分行使自己的监督权。志愿组织是民间组织，地位上的不对等可能让跟进环保局的违法处置情况有一定的障碍。为了使跟进情况进展得顺畅，志愿者要善于与环保局构建良好关系。例如，可与环保局合作宣传保护环境。环保局的公共接待大厅也要充分利用其身份属性发挥其科普作用，因为环保局不仅是局方工作人员出入的地方，也是涉及环境的企业去咨询、缴罚款的地方。志愿者们可制作出同一河流的水质历史变迁经过图，让阅读者一目了然水质污染的变化情况。

三、曝光处理情况

志愿者在将严重的环境污染问题举报到管理机构后，还要跟踪后续的处理情况，并将处罚结果公之于众。这样做是为了让公众见识到破坏环境的法律代价，也是为了维护法律的尊严，起到威慑的作用。一般情况下，官方会将处理结果以红头文件的形式发布到政府部门的官网上，这样志愿者可在官网上截图彩色（必须是彩色以起到视觉上冲击作用）印制出这种告示，打消掉污染制造者的跃跃欲试的侥幸心理。

跟踪监督案例

环保志愿者在民间走访时从百姓口中得知某城中村改造项目周边存在较多垃圾，环境卫生状况差。于是志愿者第一时间将这一消息上报到城管部门，在接到消息后，开发区执法中队第一时间前往现场调查取证。经查，现场的垃圾系年后工程新进施工人员将离职员工遗留的生活物品丢弃在工地周围，未及时清运。执法队员即时发放整改通知书，要求施工方限期整改到位，并将案件在中队挂号，由专人负责跟踪监督，确保2日内完成整改。为举一反三，实现环境卫生的长效、常态管理，县综合行政执法局各执法中队立即对辖区内的建筑工地、临时工棚、两路两侧环境卫生进行全面排查，对发现的问题实行建档销号制度，确保逐一整改到位。

在城管部门下达命令后，志愿者们看到了整治的希望。为了尽快恢复此片环境，也为了速战速决进行以后的工作，他们负责跟踪监督，及时向城管部门报备整治情况，无形中给当地的相关人员以压力。所以志愿者的跟进工作也很重要。

第二节　对服务群体进行回访

※

为了更好地为群众服务，也为了将环保工作落到实处，有必要与群众沟通，对环保志愿服务工作做出调整与优化。具体的工作是先询问群众对于志愿服务工作的评价如何，对不完美之处做出整改，再收集群众对于环保志愿者的期待，根据他们的关注点对下期志愿服务工作做出调整。

一、询问服务满意程度

志愿者工作的受众是老百姓，将他们的诉求得以解决才是终极目的。直接询问他们志愿者工作优劣并进行评价，可能他们并不会直接给出明确的答复。为此可在工作结束后安排未参与现场活动的备用人员（未与群众接触过）与百姓沟通，获取老百姓对于此次志愿服务的评价。

二、征集群众诉求愿望

群众是整个志愿服务工作的受众，保护环境工作的终极目的是给群众打造一个良好的生态环境。因此，志愿者不能仅是自发构思服务环节，要始终将广大人民的诉求放在第一位。此地的老百姓若想获取更多的环保常识，则在下期的环保志愿服务工作中适当增加此环节。老百姓若是对当地的环保执法工作不满意，意欲志愿者协助督促执法，那么志愿者在取证后通过媒体曝光此事，用舆论配合有关部门的执行。

三、调整环保服务方向

任何事物都不是一成不变的，都是逐渐优化、逐步完善的。环保志愿服务工作也是如此，环保志愿组织应提高改善志愿服务项目的能力。志愿服务项目如果能与环境保护及志愿者需求不断提高契合度，并保有新颖度及有效性，则可持续提高志愿服务价值与志愿者参与度。群众的反馈是改进的重要参考，对于当地群众认可的，要继续执行；对于群众觉得不满意的，要将群众期待与当地的环境现状相结合，调整出既符合环保也满足群众期待的方案。

前文讲述了如何发动群众的力量一同进行环保工作，但更要调动国家的执法权力。因为在国家力量之下，任何的违法活动都会偃旗息鼓。为此，志愿者可与司法部门、环保部门、媒体建立合作关系，让环保工作有国家的扶持、环保局的专业保障、媒体的监督。

第三节　对志愿工作进行评估

※

一场活动结束后所有人员要对此次活动进行总结，才能使以后的活动逐渐成熟。志愿者的环保服务工作也是如此，在服务工作后志愿者们对活动效果进行分析，如环境清洁到何种程度，或者百姓的满意度如何等等。每一阶段的志愿工作都有每一阶段的侧重点，在对活动效果进行评估后也对自身活动有了全面客观的认识，对被服务的百姓加以了解后也有了改革的方向。所以志愿者团队要根据事实与现状计划下一步的工作方向和重点，并有所准备。

评估是促进项目开展、评价项目实施成效的重要手段，也是权衡一个项目是否具有可持续性的重要指针。通过评估，可以了解项目的开展和实施有没有按照科学的规划和目标执行，并对项目的执行过程和各项服务内容进行考核评价。可以了解项目实施的结果与效果，也即项目实施涉及的领域、服务覆盖情况，以及项目开展的质量、服务满意度及社会影响力。可以总结项目经验与教训，提炼项目的有效工作模式，为项目的可持续运作及其他类似项目的开展实施提供科学依据。

评估指标	具体内容
项目决策评估	主要包括项目必要性评估、项目可行性评估、项目科学性评估以及项目风险因素及应对策略评估等。
项目组织实施过程评估	主要包括项目前期工作评估、项目组织管理评估、项目服务实施评估、项目专业化评估等。
项目结果和效果评估	主要包括项目计划完成情况评估、服务提供情况评估、项目目标完成情况评估以及社会认可度评估、服务满意度评估、社会影响力评估等。
项目可持续性评估	主要包括项目持续开展的必要性评估和项目持续开展的可行性评估。

项目组织管理评估是志愿服务项目评估的一个重要方面，环保志愿服务者在项目开展过程中体现出的项目组织管理方面的内容主要表现在以下方面:

1.工作、管理制度健全。在项目的实施过程中，制定了志愿服务人员管理制度、志愿服务中激励制度、志愿服务中党建学习制度、志愿服务队档案管理制度、志愿服务财务制度、志愿者督导制度、教育培训制度、志愿者管理制度等较为健全的工作制度和管理制度，制度的健全保证了项目的高效、规范运作。

2.服务计划制定严谨，执行到位。围绕服务项目的目标制定总体工作计划、阶段性工作计划，以及具体的实施办法和执行措施。其中，服务计划和工作流程严格按照三大工作手法的工作程序实施开展，计划严谨，执行到位。

3.服务资料充实、系统。该项目在实施过程中，对民众进行广泛的宣传动员，包括社区宣传、学校宣传等，同时十分注重服务过程中资料的收集，针对不同群体的工作，服务中心将相关资料依据党政干部服务、青少年服务、残疾人服务、老年人服务、社区服务等维度，系统收集了各项工作开展过程中的资料，保证了服务提供有据可循。

4.服务记录专业、可靠。志愿服务组织在每一项服务执行时，都应进行严格的记录，并建立相关服务档案，保证服务执行过程的专业性和伦理性。

5.财务管理规范。志愿服务组织还应制定严格、科学的资金管理制度，并对资金的使用和运作进行定期公开化上报和公示，保证财务使用的透明化和公开化，同时实现财务的有效利用。

结语

2021年国务院印发《2030年前碳达峰行动方案》（以下简称《方案》）。《方案》围绕贯彻落实党中央、国务院关于碳达峰碳中和的重大战略决策，按照《中共中央国务院关于完整准确全面贯彻新发展理念做好碳达峰碳中和工作的意见》工作要求，聚焦2030年前碳达峰目标，对推进碳达峰工作作出总体部署。《方案》为今后一个时期的环保志愿者队伍建设指明了方向。

中国环保志愿服务发展的展望

※

近年来，社会自治组织或者社会志愿服务组织发挥了积极作用，有效防止了社会管理的“失位”与“缺位”。越来越多的政府机构认识到，环保民间组织可以利用自身优势，团结凝聚社会中的环保力量开展环保工作。

《意见》把壮大环保志愿者队伍放到“不断增强环境保护能力”一节，目的就是要通过壮大环保志愿者队伍，逐渐形成全民参与的社会行动体系，进而提升环境管理水平。

这是一支什么样的队伍？对于环保志愿者，我们并不陌生。早在20世纪90年代，随着公众环境意识的不断提高，一批民间环保组织相继成立，对推动环保事业发展、促进公众参与发挥了积极作用。同时，松散随意、缺乏组织领导、缺少法律地位等问题也相继暴露出来。

为更好地调动环保志愿者的积极性，充分发挥政府的组织协调作用，使环保志愿者组织步入良性发展的轨道，从2000年开始，一批挂靠在环保部门和团委组织下的环保志愿者协会应运而生。志愿者由最初的以离退休人员为主体的环保监督员，发展成为覆盖各行业、各阶层，有组织、专业化的队伍。

为规范环保志愿服务，这些环保志愿者协会建立了环保志愿者组织网络，完善了各级组织机构，加强了会员及活动的组织和管理。同时，以网络为联系平台、以网民为主力的线下环保行动也如火如荼地展开。

近年来，我国的环保志愿者人数呈快速增长的趋势，环保志愿者已逐步从自发到自觉，发展壮大成环境保护的一支新兴力量。

从政府的角度看，环保志愿者提供的社会服务弥补了政府在社会管理中存在的不足，拉近了政府和群众间的距离。比如在政府推广垃圾分类处理过程中，环保志愿者积极向市民宣传垃圾分类知识，协助市民养成自觉保护环境的习惯。

从环保志愿者角度看，志愿活动不仅使他们所服务的事业、社区受益，而且他们通过志愿服务体现了自己对环保公益事业的关爱之心和责任感，同时也提升了自身的领导能力、管理能力和沟通能力。

如何发挥更大作用?

虽然我国提倡并逐步推动公众参与，一些地方在发展壮大环保志愿者队伍方面也进行了一系列探索与尝试，但与国外相比，我国公众参与环保的程度还存在不小的差距。

如何更广泛地吸引公众参与环保公益事业，如何对志愿者进行有效的管理和引导，成为各级政府当前面临的新挑战。

首先，要正确认识环保志愿者队伍的作用。长期以来，一些地方领导干部忽视公众的环境知情权和监督权，公众参与环保的体系没有完全建立起来。各级领导干部要转变思想，因势利导，搭建公众参与环境保护的平台，把志愿服务作为一项重要的社会公益事业，纳入本地区环保规划之中，让公众参与环境宣教、环保政策制定，发挥志愿者对环境污染和生态破坏的监督和纠正作用。

其次，要赋予民间环保组织合法身份。一直以来，民间环保组织在各类社会组织中发展最快、数量最多，但因注册存在障碍，无法拥有合法的法律地位，这成为困扰环保社会组织发展的难题。因此，建立一套完整的社会组织管理的法律法规体系显得尤为重要。环境保护部2011年出台了《关于培育引导环保社会组织有序发展的指导意见》，目的就是加大政策扶持力度，改善环保社会组织发展的外部环境。

再次，要提供政策和资金，支持鼓励环保志愿者的行动。政府可以通过各种渠道为民间环保组织提供政策上的扶持和帮助，建立相应的资金筹备机制，或者购买相关的环保服务，推动公众参与向更深程度和更广领域发展。

最后，还要加强环保志愿者能力建设，提高人员素质。环保民间组织日趋正规化、专业化，从业人员需要具备较高能力和水平，加强能力培养，不仅有利于环保志愿者的健康成长，也有利于环保事业的发展 。

参考文献

[1]费多益. 科学价值论[M]. 云南：云南人民出版社，2005.

[2]广州志愿者学院组织编写；邱服兵主编；杨伟雄，王文生，涂敏霞，唐勇副主编. 志愿者服务岗位能力培训教材 骨干级[M]. 广州：广东人民出版社，2014.

[3]广州志愿者学院组织编写；邱服兵主编；杨伟雄，王文生，涂敏霞，唐勇副主编. 志愿者服务岗位能力培训教材 基础级[M]. 广州：广东人民出版社，2014.

[4]广州志愿者学院组织编写；邱服兵主编；杨伟雄，王文生，涂敏霞，唐勇副主编. 志愿者服务岗位能力培训教材 领袖级[M]. 广州：广东人民出版社，2014.

[5]广州志愿者学院组织编写；邱服兵主编；杨伟雄，王文生，涂敏霞，唐勇副主编. 志愿者服务岗位能力培训教材 专业领域[M]. 广州：广东人民出版社，2014.

[6]环境保护部宣传教育中心，远洋地产“老社区，新绿色”环保公益行动项目组编著. 社区环保活动优秀案例集[M]. 北京：科学普及出版社，2011.

[7]李霞，丁宇，汉春伟 等. 推动环保产业走出去 政策与需求分析研究[M]. 中国环境出版集团，2019：7–9.

[8]李晓西. 绿色抉择 中国环保体制改革与绿色发展40年[M]. 广州：广东经济出版社，2017.

[9]王建廷，李家祥. 环境美化[M]. 天津：天津古籍出版社，2012.

[10]王咪咪. 1900–1949中医期刊医案类文论类编 名医治验汇编[M]. 北京：学苑出版社，2012.

[11]夏光，李丽平，高颖楠等. 国外生态环境保护经验与启示[M]. 北京：社会科学文献出版社，2017.

[12]杨士军，王德耀. 环保 生存之道[M]. 上海：复旦大学出版社，2015.

[13]叶文虎，陈德敏. 资源循环利用论[M]. 北京：新华出版社，2006.

[14]张建龙. 中国森林资源报告[M]. 北京：中国林业出版社，2019.

[15]张全喜. 道路工程材料资源循环利用技术[M]. 北京：科学出版社，2008.

[16]张书义. 环境保护[M]. 天津：天津人民出版社，1976.

[17]周生贤. 环保惠民 优化发展 党的十六大以来环境保护工作发展回顾 2002–2012[M]. 北京：人民出版社，2012.

[18]曾凡刚. 大气环境监测[M]. 北京：化学工业出版社，2003.

[19][日]酒井信一著；杨喜田，董惠英，席巧玲译. 农村及农业资源的再生利用 垃圾循环利用的农业实践[M]. 郑州：河南科学技术出版社，2009.

[20]薄荫佑. 日常生活"节能减排"妙招[J]. 今日科苑，2010(14)：17.

[21]本刊编辑部. 节约粮食就是节约资源[J]. 节能与环保，2020(10)：1.

[22]陈玲，等. 西方环保民间组织的发展及借鉴研究[J]. 环境科学与管理，2013，(9)：185–188.

[23]单春林. 基于马斯洛需求层次理论的激励路径实践[J]. 电子技术，2020，49(09)：124–125.

[24]段弘，张宇轩，李雪，等. 合理回应：危机公关中的态度展现[J]. 公关世界，2020(21)：9–16.

[25]高吉喜，张小华，邹长新，等. 筑牢生态屏障 建设美丽中国[J]. 环境保护，2021，49(06)：17–20.

[26]巩英洲. 国外民间环保组织发展对我们的启示[J]. 社科纵横，2006，(6)：69–70.

[27]谷慧敏. 国际酒店管理集团节约资源的方法[J]. 饭店现代化，2008(04)：60–63.

[28]姜萍，姜秋月. "One Health"理念的提出及其当代价值[J]. 自然辩证法通讯，2018，40(06)：17–22.

[29]李富，孙志坚. 敖汉旗精心搭建野生动物"安乐窝"[J]. 内蒙古林

业，2020(11)：4–8.

[30]李建清. 企业开展团建工作的作用和有效策略[J]. 中小企业管理与科技(上旬刊)，2021(05)：170–171.

[31]李静，覃云. 优化非营利组织志愿者管理路径研究[J]. 理论观察，2015(07)：114–116.

[32]李萌. 志愿组织中志愿者管理的风险控制研究[J]. 时代金融，2014(29)：164+168.

[33]李宗尧，华彦玲. 更多依靠节约资源和循环经济推动江苏持续发展[J]. 唯实，2013(09)：52–55.

[34]林秋红，周静东，范远玉. 某蓄电池生产流水线作业工人心理健康与人格特征的调查[J]. 职业与健康，2008，24(23)：2503–2505.

[35]刘畅. 做好4点 装修污染轻松防[J]. 建材与装修情报，2008(01)：36–37.

[36]刘逢，王锐兰，楚俊. 中国民间环保组织的生存现状及发展[J]. 云南社会科学，2006，(1)：51–52.

[37]刘富强. 你清楚垃圾分类了吗[J]. 农村百事通，2019(17)：54–57.

[38]刘俊海，张立影，刘继亮. 工业资源循环利用结构与途径探析[J]. 黑龙江环境通报，2016，40(01)：6–7+24.

[39]刘欣. 空气污染防治中的节能减排措施[J]. 资源节约与环保，2020(12)：5–6.

[40]鲁仪. 科普类微信公众号的传播——以“果壳网”为例[J]. 青年记者，2017(18)：80–81.

[41]马国栋. 中国民间环保组织发展现状及分析[J]. 学会2007，(5)：18–22.

[42]马学献，常玮. 基层森林公安救助野生动物面临的困境与解决对策[J]. 内蒙古林业，2021(01)：25–26.

[43]聂阳阳，穆青. 志愿服务发展研究 志愿服务过程中风险的预防与救助[J]. 中国青年研究，2010(10)：8–12.

[44]彭迎春. 美丽中国视域下公众环境素质提升探析[J]. 山西广播电视大学学报，2016，21(01)：95–98.

[45]秦建春，王庆喜，隋玉琴. 试论环保举报电话“12369”[J]. 中国环

境管理，2002(06)：38－39.

[46]孙毅. 寻找绿色梦想的践行者：写在第100期“环保志愿服务开放日”举行之后[J]. 杭州(周刊)，2018(28)：54－55.

[47]陶烨焓. 国内外环保民间组织发展比较及启示[J]. 赤峰学院学报(汉文哲学社会科学版)，2016，37(10)：70－72.

[48]田春英. 推动承德市农业废弃物资源循环利用的关键措施[J]. 农村经济与科技，2020，31(07)：25－26.

[49]王豪. 生态环境破坏对未来工业的影响[J]. 世界经济，1991(09)：47－49+55.

[50]王佳艺. 煤矿环境污染及治理措施分析[J]. 西部探矿工程，2021，33(05)：109－110.

[51]王建华. 关于博物馆志愿者培训和激励机制的探索[J]. 中国博物馆，2012(03)：20－22.

[52]王社坤. 民间环保组织在环境公益诉讼中的角色与作用[J]. 中国环境法制，2013，(下)：161－162.

[53]王晓琴，刘宗贤. 立法应明确赋予环保社团以环境公益诉讼主体资格[J]. 经济师，2011，(3)：93－94.

[54]王耀先，李炜，杨明明，洪大用. 建立环境素质评估指标体系提高公众环境素质[J]. 环境保护，2011(06)：53－55.

[55]武利国. 化工企业生产性粉尘的危害及预防对策[J]. 化工安全与环境，2006，11：17－18.

[56]杨丽，付伟. 国外环保产业的发展概况及启示[J]. 中国环保产业，2018(10)：26－30+35.

[57]杨维雄，常晓勇，尹建华. 野生动物的科学放归[J]. 农业与技术，2020，40(07)：178－180.

[58]俞夫. 让纵容环境破坏者也付出应有代价[J]. 西部大开发，2015(03)：14－15.

[59]张晓红，苏超莉. 大型活动志愿者培训研究[J]. 中国青年政治学院学报，2013，32(04)：38－42.

[60]张晓晖，石阳. 环境保护对生态系统的重要性[J]. 科技传播，2012(06)：20+32.

[61]郑婷. 德国的环保经[J]. 绿色中国，2011 (13) ：74–76.

[62]中华环保联合会. 中国环保民间组织发展状况报告[J]. 环境保护，2006，(10) ：62.

[63]周军. 噪声的危害以及防护措施[J]. 防灾博览，2019(06)：62–65.

[64]周霞. 激励理论助力生活垃圾分类[J]. 湖北开放职业学院学报，2021，34(09)：127–128.

[65]苏凯. 浅谈动物的应激反应和防治措施[C]. 中国动物园协会论文集，2016.

[66]张永宾. 应激对圈养野生动物的影响及防治措施[C]. 中国动物园协会论文集，2014.

[67]胡婷. 环保非政府组织在发展低碳经济中的作用研究[D]. 湖南大学，2010.

[68]纪荔. 媒体在环境保护运动中的角色：中澳比较研究[D]. 山东大学，2008.

[69]张亮. 理念与角色：我国城市建设中环境治理的重要问题[D]. 复旦大学，2005.

[70]八年减少近二十四万平方公里 我国水土流失状况持续好转[N]，海南报，国内新闻A7版，2020–8–18.

[71]哈丽娜，于嘉. 中国北方四大沙地生态状况改善 沙化土地持续减少[N]，林海日报，第4版生态，2020–12–21.

[72]中华环保联合会. 2008年中国环保民间组织发展状况报告[R]. 2008.

后 记

※

在接到江苏省文明办、共青团江苏省委的编写任务后，笔者的第一印象是本书的编著有很大的意义，不管是从民生层面还是国家政治层面来说，本书的出版都有很强的参考价值。在构思前，笔者做了相关的文献检索，发现专门针对环保领域的志愿者培训资料还处于空缺状态，这就给本书的编写留下了空间。

在搭建框架前，笔者的思路环绕志愿者培训而展开，从源头到收尾都要涉及。首先是对此工作的重要性有所阐述，不仅激发起被培训者的工作热情，而且彰显此书的意义。针对环保志愿者这一团队，如何组建出一支团结的队伍？从选拔、培训到激励方式都是重要环节。环保志愿服务之前要做哪些准备工作？对于不同民众有哪些不一样的侧重点，服务的基本内容有哪些？在整个服务过程中有无意外、风险要处理？整个服务工作结束后志愿者还有哪些后续工作要做？这样就构成了本书的框架。

本书编写团队及章节编写安排分别是：主编谭智赟（第一、三、八章），主编朱媛媛（第二、六章），副主编万洋波（第四、六章），副主编王未未（第五、七章），编者姚敏磊（第二章），编者魏威岗（第三章），编者王亦凡（第四章），编者严超（第六章），编者王润（第七章），参与书稿编写的还有翟元海、杜淼鑫、孟宁馨、丁群、赵欣怡等。全书由谭智赟最后修订统稿。特别感谢共青团江苏省委的大力支持，感谢南京出版社的努力和付出，最后促成了本书与读者的见面。

希望在本书的指导下，越来越多的志愿者用专业知识奔赴在环保前线，带动更多群众加入环境保护工作中，让中华大地的生态环境越来越优美！

本书编写组